Wie Optimismus alles möglich macht

10 Schlüssel zu deinen neuen Gewohnheiten

1. Auflage 2017

Inhaltsverzeichnis

Vorwort

Lieber zukünftiger Optimist,

ich freue mich riesig, dass du dieses Buch in deinen Händen hältst, denn es ist dein Schlüssel zu einem glücklicheren Leben. Besser gesagt: du bekommst zehn Schlüssel. Denn das Schloss „Leben" ist mehrfach verriegelt und manchmal wird das Schloss sogar ausgetauscht. Damit du nicht planlos vor dem Schloss stehst, führst du besser jederzeit alle Schlüssel mit dir, um spontan ausweichen zu können und immer eine weitere Option zu haben. Denn Optimisten sind vor allem Optionisten – sie sehen immer mehrere Optionen, mehrere Möglichkeiten zu denken und zu handeln. Aber dazu erfährst du später mehr.
Doch bevor ich dir diese zehn Schlüssel überreichen werde, habe ich eine Bedingung: Vergiss zu Beginn bitte einmal alles, was du bisher über Optimismus zu wissen glaubst. Und ich hoffe es ist in Ordnung, dass ich dich duze. So sparen wir eine Menge Zeit.
Wenn wir dem Thema Optimismus wie kleine Kinder entgegentreten und auf den Ausspruch „Ich weiß" verzichten, werden wir gemeinsam so viel schneller ans Ziel kommen! Nimm dir kurz Zeit, um dir zu vergegenwärtigen, wie Kinder Neues angehen und wie sie lernen. Vielleicht kannst du dich an Bruchstücke deiner eigenen Kindheit erinnern? Oder hast du selbst Kinder? Vielleicht hast du erst vor kurzem einige Kinder auf dem Spielplatz oder in der Stadt gesehen und kannst dich erinnern, wie sie sich bewegen und wie sie reden. Kinder machen

sich keine Sorgen darum, wie sie ankommen. Zumindest solange nicht, wie niemand sie darauf hinweist, dass sie sich darum Sorgen machen sollten. Kinder trauen sich alles zu, weil sie ihren Superhelden nacheifern und sich so gut in sie hineinversetzen können, dass sie die Superhelden ihres eigenen Lebens werden. Kinder probieren aus und haben keine Angst vorm Hinfallen, weil sie dann eben einfach wieder aufstehen. Ich möchte mich nicht pauschal all jenen anschließen, die behaupten, dass wir von Kindern so viel lernen könnten. Obwohl da sicher etwas dran ist. Mir geht es vielmehr darum, dass du dich erinnerst, wie Kinder sich fühlen und mit welchen Gedanken Kinder durch die Welt gehen. Statt anzustreben, jünger oder in einer anderen Position zu sein, wünsche ich dir für die kommenden Seiten und unsere gemeinsame Zeit in diesem Buch, dass du ehrlich zu dir selbst bist. Dass du dich nicht vor dir oder anderen schämst, dich mit diesem Thema zu beschäftigen, dass du es nicht als esoterisch abstempelst oder als Gehirnwäsche. Bitte hinterfrag alles, was ich dir erzähle und schau, was für dich passt und womit du in deinem Leben gar nichts anfangen kannst. Aber sei erst einmal offen und gib diesen Zeilen die Chance, dich berühren und ergreifen zu dürfen, damit sich dein Leben verändert.
Ich habe kein Patentrezept – das kannst du dir sicher denken. Aber ich habe jahrelange Erfahrung mit einer sehr positiven Grundhaltung und möchte dir in diesem Buch erzählen, welche Parallelen mir zu anderen positiven Menschen aufgefallen sind und wie ich die Welt sehe.

Lass dich bereichern, denn jede neue Sicht, die ein Mensch mit uns teilt, will uns bereichern. Alles, was in der Welt passiert, kannst du zu deinem Vorteil nutzen und besser verstehen, wenn du offenen Herzens hinschaust. Sein Herz zu öffnen macht verletzlich und auch das ist ein Thema dieses Buchs. Du wirst lernen, dass du dein Herz nicht zur Hälfte öffnen und dabei erwarten kannst, dass nur alles Positive zu dir durchdringt. Öffne es ganz, aber nicht ohne Verstand. Denn offene Herzen können mit ein paar hilfreichen Tipps geschützt werden, doch sind sie niemals unverletzlich. In diesem Buch wirst du lernen, wie du positive Menschen anziehst, denen du gern und bedenkenlos dein Herz öffnen kannst.

So gefühlvoll die letzten Zeilen anmuten, so rational und sachlich sind einige Passagen dieses Buches, weil Optimismus keinesfalls ein angeborenes Lebensgefühl ist, sondern erlernt werden kann. Optimismus ist kein Zufall, sondern ein Produkt deiner Gedanken und deiner Handlungen. Also worauf wartest du?

Nimm dein Leben selbst in die Hand und male es nach deinen Vorstellungen aus! In den buntesten Farben, schlicht oder schwarz-weiß? Es liegt an dir und ich möchte dich gern ein Stück auf deinem Weg begleiten. Vielleicht ändert sich die Farbe deines Lebensweges schon bald und du wirst überrascht sein, wie du so lange im Dunklen laufen konntest, obwohl du die Taschenlampe in deinem Rucksack die ganze Zeit über mit dir getragen hast.

In deinem Rucksack befinden sich noch viele hilfreiche Werkzeuge, wie die Frage nach dem Warum, deine Unzufriedenheit und deine Gefühle, dich du nicht zuordnen kannst. Aber eines nach dem anderen. Lass uns starten!

Alles Liebe für dich,
deine Optimistin Laura

Erster Schlüssel: Du musst gar nichts

Kennst du das Lied „Ich muss gar nichts“ von Großstadtgeflüster? Echt nicht? Hör es dir an, denn es kreiert eine wunderbare Egal-Haltung. Obwohl das Lied größtenteils ironisch klingt, steckt viel Wahrheit darin. Dein erster Schlüssel hat die eingravierte Aufschrift „Du musst gar nichts“. Wie für alle Schlüssel gilt auch für diesen: um ihn benutzen zu können, nimm ihn beim Wort. Wenn du ihn verbiegst oder gar abbrichst, wird er dir nichts nützen.

Stell dir einmal vor, wie dein Leben aussähe, wenn dir alles egal wäre. Fantastisch? Oder katastrophal? Wärst du glücklich und aktiv? Oder vielmehr faul auf dem Sofa?

Sicher könnte dein Leben drunter und drüber verlaufen, wenn dir plötzlich alles egal wäre. Darum geht es bei diesem Schlüssel nicht. Dir soll nicht plötzlich alles egal werden. Aber du sollst dir dessen bewusst sein, wo deine Eigenverantwortung endet. Kennst du diesen Begriff

– Eigenverantwortung? Für mich bedeutet er, dass du dein größtes Geschenk, dein Leben, mit der nötigen Sorgfalt und Pflege behandelst, mit der du den größten Diamanten behandeln würdest, den du dir vorstellen kannst. Denn nichts anderes ist dein Leben! Zumindest hier auf dieser Erde hast du voraussichtlich nur eins davon und das bedeutet, dass deine Zeit sehr begrenzt ist. Trotzdem gehst du oftmals mit deiner Zeit um, als hättest du mehr als genug davon. Du verschwendest sie mit Menschen, die du gar nicht magst und mit einer Arbeit, die du insgeheim oder vielleicht sogar ganz offen hasst. Du hörst dir Geschichten von Menschen an, die dich runterziehen, schaust dir jeden Tag grausame Bilder in den Nachrichten an und stopfst deinen Körper mit Junkfood voll, um den Hunger zu stillen. Vieles davon wird dir vielleicht jetzt gerade erst bewusst, weil du nie Zeit hast, darüber in Ruhe nachzudenken. Ironisch oder?

Du investierst deine wertvolle Zeit für all diese negativen Dinge, obwohl sie dich gar nicht glücklich machen. Ganz im Gegenteil. Oft ruft so ein Blick in die Welt eher Verzweiflung und Angst hervor.

Musst du dir all das anhören, ansehen und mitmachen? Ich bin mir sicher, dass wir dazu aktuell noch unterschiedlicher Meinung sind. Denn meine Meinung ist sehr radikal. Radikal positiv. Ich habe für mich entschieden, dass ich all das nicht tun muss und lebe sehr glücklich damit. Fast dauerhaft bin ich auf Nachrichtendiät, weil sich die Nachrichten sowieso so häufig in allen Medien wiederholen, dass ich sie mir nicht jeden Tag ansehen oder anhören muss. Wenige Male die Wochen reichen dafür absolut aus und ich passe die Dosis gegebenenfalls an, wenn mich Nachrichten zu sehr runterziehen. Denkst du, dass ich nicht wegschauen und mich doch für das Weltgeschehen interessieren sollte? Ja, das tue ich ohne Zweifel. Aber ich habe gemerkt, dass ich der Welt sehr viel dienlicher bin, wenn ich mich zuerst selbst repariere und gut auf mich aufpasse. Stell dir vor, dass ein Soldat seinen verletzten Kameraden in einen Unterschlupf ziehen möchte, weil dieser nicht mehr alleine gehen kann. Ist es da nicht wesentlich hilfreicher, wenn der Soldat selbst noch laufen und den anderen ziehen kann? Genau das lebe ich. Und während ich diese Zeilen schreibe, merke ich, dass ich mich vor dir rechtfertige und versuche dir zu erklären, warum ich kein schlechter Mensch bin und mich doch bestmöglich für die Gesellschaft einbringe. Weißt du was? Genau darum geht es! Ich brauche mich nicht zu rechtfertigen. Vor niemandem. Das ist sogar einer der wichtigsten Grundsätze zum Gebrauch dieses Schlüssels: Du musst gar nichts und brauchst dich vor allem nicht zu rechtfertigen. Ich kenne es selbst aus meinem Alltag, dass viele Menschen der felsenfesten Überzeugung sind, ich müsse mich ihnen erklären, wenn sie nur darauf beharren würden. Mittlerweile haben sie vermutlich festgestellt, dass ich das nicht muss.

Andere Menschen sind mir keinesfalls egal, denn ich habe mit meinem Master in Psychologie ein sehr menschenbezogenes Studienfach gewählt. Meine Mitmenschen sind für mich das Wertvollste auf dieser Welt. Dennoch muss ich mich ihnen gegenüber nicht rechtfertigen. Ich lebe nach dem Grundsatz, dass jeder Mensch nach seinen Möglichkeiten handelt und dass es in Ordnung ist, Fehler zu machen. Denn immerhin leben wir alle zum ersten Mal und da passieren Fehler. Ich gehe davon aus, dass mir niemand absichtlich weh tut, sondern derjenige es einfach nicht besser wusste oder nicht aus seiner Haut konnte. Zu diesem wichtigen Lebensgrundsatz, nichts und wirklich NICHTS im Leben persönlich zu nehmen, kommen wir in einem späteren Kapitel.

Jetzt weißt du schon einmal, dass du dich nicht zu rechtfertigen brauchst. Du kannst dich rechtfertigen, wenn du das möchtest. Und du kannst auch alles andere machen, solange du es möchtest und niemandem damit schadest. Weil du dadurch für dich selbst und deine Gefühle wesentlich sensibler wirst, wirst du merken, wie du auch die Situationen anderer wesentlich besser nachvollziehen kannst. Denn durch diese Einstellung versinkt die Welt nicht im Chaos, sondern sie öffnet Augen und Herzen für alles um uns herum. Besonders wichtig ist dabei, den Bereich der Eigenverantwortung nicht zu übertreten. Das ist deshalb gefährlich, weil du damit automatisch in den Verantwortungsbereich eines anderen trittst und ihm dadurch Probleme bereiten kannst. Ein Zitat von Reinhold Niebuhr habe ich mir ins Herz geschrieben:

„Gott, gib mir die Gelassenheit, Dinge hinzunehmen, die ich nicht ändern kann, den Mut, Dinge zu ändern, die ich ändern kann, und die Weisheit, das eine vom anderen zu unterscheiden.“ In diesem Zitat geht es für mich um Verantwortung. Es geht darum zu erkennen, was in unserer Verantwortung liegt und worauf wir schlicht keinen Einfluss haben. Oft mischen wir uns im Alltag in Situationen und Gespräche ein, die außerhalb unseres Verantwortungsbereichs liegen und bekommen am Ende Bauch- und Kopfschmerzen, weil wir nichts ändern können und die anderen sich ja nicht helfen lassen wollen.

Hast du schon einmal daran gedacht, dass es gar nicht deine Aufgabe ist, diesen Menschen zu helfen? Wenn dich Menschen um deinen Rat fragen, kannst du ihnen selbstverständlich einen Rat geben und ihnen deine Sicht der Dinge erläutern. Genau dort hört es aber schon auf, denn was du weitergeben kannst, ist nicht mehr als deine Erfahrung beziehungsweise die Erfahrungen, die du durch Gespräche und Erlebnisse zusammen gesammelt hast.

Seitdem ich mich von der Erwartung verabschiedet habe, dass Menschen so handeln müssten wie ich es mir wünschen würde oder so, dass ich mich wohler fühlen würde, bin ich freier und –du ahnst es schon- glücklicher.
Ich kümmere mich um meinen Verantwortungsbereich und habe damit alle Hände voll zu tun. So ein Leben kann einen ganz schön viel Kraft kosten, erst recht, wenn man es nach den eigenen Vorstellungen gestalten möchte. Also lass uns mal aufhören, die Leben der Menschen um uns herum so zu gestalten wie wir es uns wünschen. Kümmern wir uns doch zuerst um das Leben, auf das wir den größten Einfluss haben –unser eigenes. An dieser Stelle vergeht dir vermutlich die Lust auf das Buch und die folgenden Schlüssel, weil es nach Arbeit an dir selbst und einer enormen Menge Ehrlichkeit klingt. Genau darum geht es! Es ist kein Kinderspiel, Optimist zu werden. Aber es ist unsagbar lohnenswert und es erfordert, dass du aufrichtig in den Spiegel schaust und dir selbst erzählst, was du siehst. Wer bist du? Mit all deinen wunderschönen Lieblingskörperteilen, lobenswerten Eigenschaften und Erfolgen, die dich glänzen lassen. Sonne dich in diesem Bild und freu dich darüber, was du mit diesen Stärken alles machen kannst. Der unangenehmere Teil ist für viele, sich auch die Schwachstellen, all die kleinen Beulen, Unzulänglichkeiten und undichten Stellen anzusehen. Doch genau darum geht es. Schau dir an, mit was du startest und mach dir bewusst, dass du das Beste daraus machen wirst! Wenn du ehrlich zu dir selbst bist und an dir arbeitest, wirst du nicht mehr besonders viel Zeit übrig haben, um die Verantwortungsbereiche anderer mit zu

übernehmen. Hierbei lebe ich keinesfalls nach dem Motto „Wenn jeder an sich denkt, ist an alle gedacht". Auf keinen Fall! Vielmehr geht es bei der Ehrlichkeit zu dir selbst in einem der wichtigsten Punkte darum, wie du mit deinen Talenten und deinen Gaben der Menschheit einen Mehrwert schaffen kannst. Das auszuführen würde an dieser Stelle zu weit reichen und auf Rechtfertigungen habe ich wie du weißt keine Lust. Also das Wichtige für dich in Kürze: Du hast lediglich Verantwortung für DEIN Leben. Klingt zwar erstmal einfach, aber unterschätze das nicht. Denn dein Leben ist eine ganz schön komplexe, herausfordernde, aber auch bereichernde Angelegenheit. Indem du immer Verantwortlichkeiten anderer übernimmst, beraubst du sie der Fähigkeit der Eigenverantwortung. Oft müssen wir Menschen diese Fähigkeit erst lernen und mit der Zeit verbessern, weil wir im Alter eigenständiger werden und lernen müssen, Dinge allein zu machen und Verantwortung für unser Leben zu übernehmen. Aktuell wachsen wir in Deutschland nicht in einer Kultur auf, in der Fehler begrüßt werden, weil man aus ihnen lernen kann. Vielmehr werden wir gelobt, wenn wir perfektionistisch denken und uns keine Schwächen erlauben. Weil du jetzt aber weißt, dass du gar nichts musst, hast du die Freiheit, selbst zu entscheiden, wofür du deine Zeit und deine Energie einsetzen möchtest. Kannst du dir jetzt vorstellen, wieso wir uns in Kinder hineinversetzen? Kinder kennen diese Freiheit. Sie wissen, dass ihnen der Nachmittag zu freien Verfügung steht und sie ihn so nutzen können, wie es sich für sie gerade richtig anfühlt. Auch wenn du aktuell keine freien Nachmittage hast, möchte ich dir gern diese erste große Freiheit einräumen: Du musst gar nichts.

Weil du ein liebendes und wunderbares Wesen bist, kümmerst du dich gern um die Angelegenheiten deiner Mitmenschen und verletzt sie nicht absichtlich. Vielmehr gibst du, was du kannst und hilfst ihnen wo es für dich möglich ist. Du hast immer ein nettes Wort, ein Lob oder ein von Herzen kommendes Kompliment für sie parat. Sobald du so etwas nicht finden kannst, sagst du lieber gar nichts. Denn als Optimist machst du es dir zur Aufgabe, wirklich nur dann zu sprechen, wenn du anderen Menschen damit etwas Gutes tust. Ansonsten behältst du deine Meinung ganz einfach für dich.

Es ist noch wichtig für dich zu wissen, dass der „Du musst gar nichts"-Schlüssel für dich alle Türen verschließt, die mit Schuld zu tun haben. Du brauchst dich nicht länger mit diesem Thema zu beschäftigen, weil es nicht gewinnbringend ist. Herauszufinden wer auch immer Schuld an etwas war, hat noch nie eine Handlung oder ein Wort ungeschehen gemacht. Also verschwenden wir unsere Zeit nicht damit. Das tue ich immerhin auch nicht. Besonders wichtig ist hierbei, dass ich mich auch nicht schuldig fühle. Wenn Menschen auf mich zukommen und mich auf Fehler meinerseits hinweisen, auf die ich bisher nicht aufmerksam wurde, ist das enorm wichtig. Ich bin keinesfalls frei von Fehlern und möchte noch viel mehr lernen, Entschuldigungen noch schneller und aufrichtiger zu verteilen. Doch ich fühle mich niemals schuldig für die Gefühle und Gedanken anderer

Menschen. Dies liegt schlichtweg außerhalb meines Verantwortungsbereichs. Wenn es Menschen schlecht geht und sie mich darauf ansprechen, was das mit mir zu tun hat, wäge ich ab, ob ich es auch so sehe wie sie. Schließlich ist dann eine Entschuldigung und in den meisten Fällen eine Lösungsfindung angebracht. Dazu teile ich gern meine Erfahrungen und meine Sicht auf die Dinge, doch ich übernehme die Veränderung der Gedanken und Gefühle nicht für mein Gegenüber. Dies muss derjenige selbst lernen, damit er die Kompetenz erwirbt und diese Fähigkeit in Zukunft immer wieder selbst anwenden kann und dadurch freier wird.

Ebenso lasse ich mir meine Eigenverantwortlichkeit nicht nehmen, indem ich anderen Menschen deutlich aufzeige, wo mein Verantwortungsbereich beginnt. Kennst du diese Menschen, die über dich bestimmen wollen? Die wissen, „was gut für dich ist"? Die einfach über deinen Kopf hinweg entscheiden, obwohl du erwachsen bist? Denen du nicht die Stirn bieten kannst, weil sie dir zu stark erscheinen? Du hast immer das Recht, die Pflicht und auch die Verantwortung, dich gut um deinen eigenen Bereich zu kümmern und dein Leben, das wertvollste Geschenk, vor Brüchen zu schützen. Stell dir vor, dass dein Leben ziemlich zerbrechlich ist. Denn so ist es tatsächlich.

Lass dir nicht einfach von jedem dazwischenreden oder dessen Müll in dein Gehirn abladen. Du musst gar nichts und aus diesem Grund habe ich für Gespräche, die mir schaden könnten, eine Abwesenheitsnotiz mit dem Wortlaut des Speakers Tobias Beck übernommen. Diese lautet: „Für dieses Gespräch stehe ich nicht zur Verfügung." Manchmal nutze ich diesen Satz ganz offen und teilweise sage ich ihn durch die Blume. Im Umgang mit deinen Mitmenschen solltest du wissen, dass auch sie sehr zerbrechlich sind. Egal, wie sie nach außen scheinen. Deshalb kann es dir unmöglich egal sein, wie du mit ihnen redest. Aber ich gehe an dieser Stelle davon aus, dass du dir und deinen Mitmenschen im Grunde deines Herzens Gutes möchtest und man das nur manchmal nicht so deutlich erkennen kann, weil du dich nicht deutlich genug abgrenzen kannst. Du wirst dann gereizt und wütend oder ziehst dich zurück. Du verschaffst dir den nötigen Abstand, den du dir nicht durch Worte oder durch deine Lebenseinstellung verschaffen kannst beziehungsweise bisher nicht konntest. Denn das ändert sich gerade! Durch das Wissen, dass du gar nichts musst, brauchst du dich ebenso nicht dafür zu rechtfertigen, warum du für manche Gespräche und bestimmte Themen nicht zur Verfügung stehst. Du weißt, dass sie dir schaden würden und die Menschen, die dich sehr mögen, sollten einverstanden sein, dass du gut auf dich achtest. Oder? Wenn es jemandem wirklich schlecht geht, erinnern wir ihn zu gern daran, dass er gut auf sich Acht geben soll. Wieso gestehen wir das uns und unseren Mitmenschen also nicht auch im Alltag ein, quasi als Präventivmaßnahme? Wenn wir uns nicht erst stunden-, tage- und jahrelang mit Themen und Menschen umgeben müssen, die uns nicht gut tun, sind wir wesentlich weniger anfällig für all die Krankheiten, bei denen wir später daran erinnert werden, dass wir gut auf uns aufpassen sollen.

Ich glaube du hast allmählich einen Einblick bekommen und dein „Du musst gar nichts“-Schlüssel gewinnt so langsam an Form. Du musst ihn nicht benutzen, weil du ja gar nichts musst. Aber ich würde dir empfehlen, ihn auszuprobieren, ihn dir ständig anzuschauen und ihn auch vorsichtig anderen zu zeigen. So übst du dich in seinem Anblick bis er eines Tages ganz alltäglich für dich aussieht.

Lös dich von der „Mussitis“, einer enorm schnell übertragbaren und in vielen Fällen unheilbaren Krankheit. Es gibt Heilmittel, doch diese wirken nicht bei allen. Manche wollen sich nicht heilen lassen und weißt du was? Diese Entscheidung haben sie in ihrem Bereich getroffen und die solltest du ihnen lassen –weil du schließlich nicht ihre Eigenverantwortung an dich reißt, richtig?

Zweiter Schlüssel: Schubladendenker und offene Herzen

Als was siehst du dich? Bist du Optimist, Pessimist oder doch eher Realist? Wie sieht für dich ein typischer Optimist aus und wie ein typischer Pessimist? Sind die Realisten eine Mischung aus Optimisten und Pessimisten? Nimm dir kurz Zeit, um für dich darüber nachzudenken. [Du musst gar nichts, aber gönn dir ruhig diesen Moment.]

Weil es in diesem Buch besonders um die Optimisten geht, würde ich mir deine Definition dazu gern genauer anschauen –mit dir zusammen. Ich kenne viele Menschen, die in etwa Folgendes über Optimisten denken: Optimisten drehen sich die Welt in ihrem Kopf immer so, wie sie ihnen gefällt –egal, was wirklich draußen passiert. Optimisten sind somit naive Einfallspinsel, die sich der Realität verschließen und in einer Traumwelt leben. Sobald man sie aber darauf anspricht, wehren sie ab und wollen gar nicht wirklich hinsehen, wenn man ihr strahlendes Gesicht auf all das Elend und die Schwierigkeiten in der Welt hinweist. Sie stehen für dieses Gespräch gewissermaßen nicht zur Verfügung und das ist einfach blauäugig. Sie machen sich die Welt wie Pippi Langstrumpf, widde widde wie sie ihnen gefällt.
So weit, so gut. Bestimmt ist deine persönliche Definition schon etwas differenzierter und nicht ganz so drastisch oder? Falls sie es doch ist, darf sie das gern sein. Es ist ganz einfach DEINE Definition.

Ich würd dir gern meine Lieblingsdefinition von Optimismus erzählen, denn sie spiegelt 1:1 wieder, warum ich gern Optimistin bin und mich dieser Lebensstil bereichert:

„Eine optimistische Lebenseinstellung bedeutet darum eben nicht, in miesen Situationen stets krampfhaft nur das Gute zu sehen. Optimisten konzentrieren sich vielmehr auf die Frage: Wie kann ich jetzt das Beste aus dieser Situation machen? Optimisten sind also keinesfalls naive Einfallspinsel. Aber sie gehen Probleme lösungsorientiert und mit einer pragmatischen Grundhaltung an."

Diese Definition habe ich vor einiger Zeit bei facebook in dem Magazin der Jobmensa gelesen. Es kann kein Zufall sein, dass die Verfasserin dieser Definition denselben Namen trägt wie ich oder? Ich mag an dieser Definition vor allem die Betonung des Pragmatismus und der Lösungsorientierung. Optimisten leugnen nicht, dass schlimme und bedrückende Dinge sowohl in der Welt als auch in ihrem eigenen Leben passieren. Vieles läuft in ihrem eigenen Leben nicht nach Plan und das brauchen Optimisten nicht zu leugnen, um sich dennoch ein schönes Leben zu machen. Vielmehr ist der Fokus, der Umgang mit den so oder so bestehenden Problemen, ein anderer. Optimisten drehen sich die Welt nicht, wie sie ihnen gefällt, denn diese eine vollkommene Wahrheit gibt es nicht. Jeder von uns lebt in einer anderen Realität, weil jeder von uns die Welt durch seine eigenen Augen sieht. Unsere Blickwinkel sind ALLE unterschiedlich -sie unterscheiden sich von manchen Menschen mehr und von anderen weniger. Letztere nennen wir häufig unsere Freunde oder sogar Seelenverwandte. Optimisten lehnen es schlichtweg ab, sich ständig auf das Negative zu fokussieren. Denn die meisten Menschen, die viel Zeit darauf verwenden, über Negatives und dessen Unveränderbarkeit nachzudenken, bewegen sich in einer Abwärtsspirale immer weiter nach unten. Zu viel Angst und Negativität lähmen uns früher oder später und machen uns handlungsunfähig. Dann bleibt uns nichts anderes mehr übrig, als zu jammern und zu betonen, dass wir keinen Ausweg sehen. Irgendwann wird diese Position sogar gewissermaßen gemütlich, weil wir eine Gewohnheit entwickeln. Negativität und Jammern werden zu unserer Gewohnheit. Warum das eine große Gefahr birgt, lernst du im folgenden Kapitel über deinen Fokus, Gewohnheiten und deren Hartnäckigkeit. Ich werfe also an dieser Stelle Pessimisten keinesfalls vor, dass sie sich sofort umkrempeln lassen müssten und an ihrer Misere –falls sie diese Situation als bedrückend erleben- ausschließlich selbst Schuld seien. Aber wie es die Band Die Ärzte so treffend formuliert, unterschreibe auch ich: „Es ist nicht deine Schuld, dass die Welt ist wie sie ist; es wäre nur deine Schuld, wenn sie so bleibt." In welcher Situation auch immer du gerade steckst – es ist völlig zwecklos, einen Schuldigen zu suchen und zu jammern. Manchmal höre ich „aber man muss doch auch mal jammern und sich ausheulen können". Warum? Warum muss man das? Erinner dich: du musst gar nichts. Das heißt, dass du dich auch nicht von dir selbst runterzuziehen lassen brauchst und dass du diesen Gedanken, jeder hätte schlechte Tage und sollte auch ab und zu jammern, streichen darfst. Denn in meiner Realität ist dieser Satz nicht wahr. Ich kann mich nicht erinnern, wann ich meinen letzten wirklich schlechten Tag hatte. Für mich ist kein Tag komplett schlecht, denn selbst wenn bis 21 Uhr alles schief gelaufen ist, was schief laufen konnte, verbleiben mir immer noch drei Stunden, um diesem Tag etwas Schönes zu verleihen und ihn sogar zum besten Tag meines Lebens zu machen. Kein Tag ist für mich komplett schlecht. Es gibt lediglich schlechte und schwierige Momente, manchmal leider auch Aneinanderreihungen von schlechten Momenten. Im Extremfall fühlt sich das sogar teilweise so an, als würden sich nur noch schlechte und traurige Momente einreihen. Kennst du die blauen Kugeln aus dem Film „Alles steht Kopf“? Du solltest den Film schauen, falls du ihn noch nicht kennst. Darin werden Emotionen spielend leicht für Kinder erklärt und dennoch können wir Erwachsenen so viel über den Kern von Emotionen mitnehmen. Eine blaue Kugel steht in diesem Film jeweils für eine traurige Erinnerung und es gibt eine Szene, in der die Traurigkeit (für sie steht die Farbe blau) frühere Erinnerungen „vergiftet“, in dem sie die Erinnerungen in Form der Kugeln berührt und sie somit zu traurigen Erinnerungen werden lässt. Manchmal sieht es in unserem Alltag auch so aus: Als würde plötzlich die Traurigkeit vor unserem Regal mit Erinnerungen auftauchen und einfach alle Erinnerungen samt des aktuellen Moments in blaue Farbe tunken. Doch weißt du was? Du bist nicht machtlos. Wenn du Optimist bist, fängst du an, nach Lösungen zu suchen. Du nimmst das, was aktuell an Scherben oder unübersichtlichem Chaos vor dir liegt und überlegst, was du JETZT daraus machen kannst. Du lebst weder in der Vergangenheit noch in der Zukunft, sondern in der Gegenwart. Natürlich sind Planung (Zukunft) und Rückblick (Vergangenheit) auch zu dafür vorgesehenen Zeiten wichtig, um vorbereitet zu sein und aus vergangenen Fehlern lernen zu können. Aber wenn du heute um 21 Uhr auf deinem Bett sitzt und verzweifelt bist, weil dein Tag so furchtbar war, dann ist nicht der richtige Zeitpunkt für Rückschau. Dann ist es Zeit, nach Lösungen zu suchen. Wie machst du das? Suchst du so lange bis dir die eine perfekte Lösung vor die Füße fällt?

Ich mache das nicht, denn ich gehe davon aus, dass es immer mehr als eine mögliche Lösung gibt. Als Optimistin konzentriere ich mich also, mit verschränkten Beinen auf meinem Bett sitzend und die Stirn in Falten gelegt, darauf, wie ich meine Situation JETZT besser machen kann, mit den Möglichkeiten und Ressourcen, die ich JETZT habe.
Es ist egal, was mir passiert – ich weiß, dass ich selber wählen kann, welche Reaktion ich auf das zeigen möchte, was mir passiert. Ich weiß, dass es für alles eine Lösung gibt, denn ein Problem ist nichts weiter als eine ungelöste Aufgabe. Danke an Thaddaeus Koroma für diese bereichernde Definition eines Problems.
Wenn ich also weiß, dass mein Problem nichts weiter als eine Frage ist, auf die ich noch keine Antwort weiß, mache ich mich auf die Suche nach Antworten. Denn dein Leben wird dir eine Frage so oft stellen bis du eine Antwort darauf gefunden hast. Dann stellt es dir eine neue Frage. So kannst du dich stetig weiterentwickeln.

Wie du es bestimmt auch aus der Schule kennst, fällt mir in den seltensten Fällen nur eine Lösung ein. Es gibt immer mehrere Wege und so stehe ich vor der Aufgabe, herauszufinden, welcher der passende Weg für mich ist. Vielleicht gibt es keinen perfekten Weg, sehr wahrscheinlich sogar nicht. Aber muss der Weg denn perfekt sein, damit ich ihn gehen und eine Lösung für mein Problem finden kann? Wenn du schon einmal richtig verzweifelt warst, weißt du, dass der Pfad nicht mit Gold gepflastert sein muss, wenn er dich ans Ziel führt. Wenn du wirklich verzweifelt bist, würdest du auch einen Trampelpfad laufen, um aus deiner Misere herauszukommen. Also sei mutig und trau dich, Lösungen auszuprobieren, die dir in deiner jetzigen Situation einfallen. Wenn du nicht direkt eine passende Antwort auf die Rechenaufgabe deines Lebens gefunden hast, rechne noch einmal nach. Vielleicht hast du ja nur einen Flüchtigkeitsfehler gemacht. Sei nicht so hart zu dir selbst und nimm auch mal Nachhilfe, wenn du etwas nicht auf Anhieb verstehst. Du darfst andere Menschen zu Hilfe holen, wenn das Leben dich vor eine enorm schwierige Aufgabe stellt, die sich eben nur in Partnerarbeit lösen lässt. Je schneller du das erkennst und ehrlich zu dir selbst bist, desto mehr Zeit sparst du. Erinner dich, dass Zeit das Wertvollste ist, was du hast. Apropos Zeit sparen: Was bringt uns überhaupt diese Einteilung der Menschen in Optimisten, Pessimisten und Realisten?

Ich möchte dich ermutigen, diese Aufteilung in deinem Kopf einfach einmal aufzugeben. Denn sie könnte dich sogar daran hindern, dein Leben zu verbessern. Wenn du dich nämlich strikt dagegen weigerst, dich selbst als Optimist zu sehen –was dein gutes Recht ist, du musst gar nichts–, könnte es dich ebenso daran hindern, lösungsorientiert zu denken. Und das wäre schade. Wie auch immer du dich nun also nennen oder auch nicht nennen möchtest: Lass uns unseren Fokus doch lieber darauf richten, wie wir schnellstmöglich Lösungen finden können und zu einem Menschen werden, der Problemen lösungsorientiert gegenübertritt. Warum steckst du dich selbst in eine Schublade, wenn es dir darin doch viel zu eng ist? Die schnellste Lösung, bei der du unversehrt bleibst, wäre aus der Schublade herauszusteigen und dich -vor dem Regal in deinem Kopf- breit ausgestreckt hinzulegen und von einem Ohr zum anderen zu grinsen. Steck dich nicht selbst in eine Schublade, sondern konzentrier dich darauf, wie du an dein Ziel kommen kannst und die Situation bestmöglich für dich nutzen kannst. Für mich ist das Optimismus und genau das meine ich, wenn ich von Optimismus spreche. Keine Schublade, sondern eine Lebenseinstellung. Gern darfst du das auch so sehen und diese Einstellung für dich übernehmen. Falls es für dich widersprüchlich klingt, dass ich mich Optimistin nenne und dir erlaube, deine Schubladen aufzumachen und raus zu klettern: Für mich persönlich ist die Optimismus-Schublade keinesfalls zu eng. Es ist ganz einfach praktisch gedacht, dass du dich befreien kannst, wenn es dir zu eng wird. Aber wenn es dir gar nicht zu eng ist, weil du dir viel Freiraum gibst und noch so viel anderes gleichzeitig sein kannst, dann nenn dich doch gern Optimist.

Hiermit übergebe ich dir deinen zweiten Schlüssel. Er ist für dich, den Schubladendenker, der du dich selbst vorschnell in Schubladen steckst. Und er ist für dich, der Schubladen immer dann nutzt, wenn sie ihm eine Abkürzung bieten ohne zu diskriminieren. Unser Gehirn macht es sich gern leicht und öffnet ein paar Schubladen, damit wir Menschen schneller einschätzen können, was evolutionär überaus sinnvoll ist. Wichtig ist dabei lediglich, dass wir offen bleiben für all das, was Menschen uns zeigen und wer sie sind. Dass wir bereit bleiben, in unserem Regal neue Schubladen für sie einzurichten, damit wir sie und uns in unserem Denken nicht einengen. Als Reminder steht auf diesem Schlüssel „Schubladendenker und offene Herzen“. Was haben die offenen Herzen damit zu tun?

Im Grunde wurde dieser Punkt gerade schon einmal kurz angerissen. Es geht darum, dass du dein Herz nicht verschließt und dich gern vom Leben und deinen Mitmenschen überraschen lässt. Klingt das für dich zu leicht gesagt und nicht alltagstauglich? Sag mal warst du schon einmal in der Situation, in der du dir gewünscht hast, dein Herz gegenüber allem Schlechten verschließen zu können, sodass keine negativen Gefühle und Situationen mehr bis in dein Innerstes durchdringen können? Und hast du das durchgezogen? Ich kenne Menschen, die vor lauter Schmerz ihr Herz verschlossen haben und auch nicht den Anschein machen, diese Entscheidung überdenken zu wollen. Ich lasse ihnen das, weil es ihre Entscheidung ist und ich sie respektiere. Genau das bedeutet für mich „respektieren“: Jemand anderen nicht zu bequatschen oder in mein Muster pressen zu wollen, obwohl ich seine Entscheidung keinesfalls teile. Entscheidungen, die du genau gleich getroffen hättest, zu respektieren, birgt keine Schwierigkeit. Vielmehr geht es um die Lösungen in herausfordernden Situationen. Wenn du nun also ein Mensch bist, der sein Herz verschlossen hat, ist dir bestimmt schon einmal aufgefallen, dass auch Positives nicht mehr so schnell zu dir vordringen kann. Denn unser Herz lässt sich nicht nur halb öffnen. Besonders in Liebesbeziehungen kennen ihn viele Menschen, mich eingeschlossen: den Wunsch, nicht verletzlich zu sein. Wir wollen im Leben all das Schöne mitnehmen und es intensiv erleben können, uns aber gleichzeitig vor allem Schlechten schnell genug schützen können, damit unser Herz keinen Schaden nimmt. Das ist ein vernünftiger Wunsch, denn du weißt, dass wir auf unsere Herzen aufpassen sollten, weil sie zerbrechlich sind. Jedoch handelt es sich hierbei wirklich lediglich um einen Wunsch. Wer schon einmal probiert hat, sich im Leben nur für das Gute zu öffnen, hat gemerkt, dass das unmöglich ist. Wenn wir unser Herz öffnen, dann komplett. Es gibt nur ganz oder gar nicht. Wir können keinen Filter installieren, der die schlechten Gefühle frühzeitig herausfiltert, sodass sie erst gar nicht zu unseren Herzen durchdringen können. Die gute Nachricht dabei ist, dass wir auch positive Gefühle nur dann in ihrer ganzen Fülle erleben können, wenn wir unser Herz komplett öffnen. Wer immer mit angezogener Handbremse lebt, wird auch schöne Momente erleben. Aber kennst du diese Personen, die sich nicht nur ein bisschen freuen, sondern vor Begeisterung sprühen? Das können sie nicht deshalb, weil sie das Leben ein bisschen mögen und immer die Hände an der Kette zum Burgtor ihres Herzens haben, um das Tor bei Gefahr schnellstmöglich herunterlassen zu können. Diese Menschen haben beide Hände frei zum Jubeln und um das Leben zu umarmen. Trotzdem sticht sie keiner einfach ab, weil sie nicht blind durch die Welt laufen. Wie du mit offenem Herzen durch die Welt tanzen kannst, ohne ständig Angst zu haben, verletzt zu werden, lernst du mit deinem Schlüssel „Aber das hier machst du nie". Dabei geht es darum, was du anziehst und wie du es schaffst, Menschen in dein Leben zu ziehen, die dir Gutes wollen. An dieser Stelle ist für dich erst einmal zum Abschluss dieses Kapitels wichtig, dass du den neuen Schlüssel ganz bewusst an deinem Schlüsselbund befestigst. Merke dir die Definition von Optimismus, selbst wenn du kein Optimist sein möchtest, denn es geht um Lösungsorientierung. Erinner dich, dass du dich nicht in Schubladen zu stecken lassen brauchst. Bewahre dir ein offenes Herz – für dich und andere.

Dritter Schlüssel: Zoom mal auf deinen Fokus

Worauf liegt dein Fokus? Worauf fokussierst du dich? Ich meine nicht nur jetzt gerade, sondern auch in deinem Leben. Jetzt gerade fokussierst du dich im besten Fall auf diese Zeilen und wie sie dein Leben verändern können. Doch worauf fokussierst du dich langfristig?
Weißt du, warum es so wichtig ist, dass du dir diese Frage einmal stellst und sie vor allem auch beantwortest? Die Antwort lautet: „Where focus goes, energy flows", also auf Deutsch: Worauf dein Fokus liegt, dorthin fließt deine Energie. Deshalb ist es unverzichtbar für dich, herauszufinden, worauf dein Fokus liegt, damit du deine Energie steuern kannst. Fokussierst du dich im Alltag darauf, dass dein Nachbar seine Hecke nicht geschnitten hat und diese mittlerweile schon in deinen Garten wuchert? Oder liegt dein Fokus eher darauf, dass die Sonne scheint? Bemerkst du vor allem, welch unmögliches neues Kleidungsstück deine Kollegin trägt oder ihr strahlendes Grinsen, weil sie gestern Abend ein wunderbares Date hatte? Dein Fokus bestimmt, wie du dein Umfeld wahrnimmst und deine Wahrnehmung bestimmt, wie du auf dein Umfeld reagierst. Über dein Verhalten und deine Worte bestimmst du wiederum, was du vom Leben bekommst.
All deine Zeit, all dein Geld und deine körperliche sowie mentale Energie fließen in die Richtung, in die du schaust. Wenn du dich also sehr auf beispielsweise negative Nachrichten fokussierst, ist es kein Wunder, dass du die Welt schlimmer und dramatischer wahrnimmst als ich. Genauso funktioniert das, wenn du dich auf

eine deiner negativen Eigenschaften sehr stark fokussierst. All das, worauf du deinen Fokus lenkst, fütterst du mit deiner Energie. Das gilt sowohl für alles Erschreckende in der Welt als auch alles Negative in deinem eigenen Leben: wenn du dir täglich vorhältst, dass du ein Versager und ein Nichtsnutz bist, fütterst du diesen Gedanken und machst dich zu dem, was du sagst. Im Kapitel „Du bist, was du sagst" schauen wir uns gleich gemeinsam genauer an, warum dies der Fall ist.

Falls du dir also bis heute keine Gedanken darüber gemacht hast, worauf dein Fokus liegt, ist das überhaupt kein Problem. Denn heute ist der beste Tag der Welt, um genau damit anzufangen. Sobald du dir dessen bewusst bist, wofür du täglich deine Energie aufwendest, weil du deinen Fokus auf bestimmte Dinge lenkst, wirst du wesentlich weniger Energie brauchen. Das klingt paradox? Sieh es einmal aus dieser Perspektive: Wenn du bei einem konkreten Ziel ankommen möchtest, ist es unverzichtbar, deinen Fokus in Richtung dieses Ziels zu lenken. Stell dir vor, du würdest einen 100-Meter-Lauf machen und dich nicht auf die Ziellinie fokussieren. In welche Richtung würdest du dann laufen? Wo kämst du dann an? Ebenso wie in diesem Wettlauf, kommt es auch im Leben nicht lediglich darauf an, dass du 100 Meter läufst, sondern darum, dass du die Ziellinie überquerst. Wenn du dich nicht auf dein Ziel fokussierst, wirst du niemals dort ankommen. Wenn du dich dauernd nur darauf fokussierst, wie schwierig dieses Ziel zu erreichen ist und besonders all die Hindernisse auf dem Weg fokussierst, dann wirst du auf jeden Fall stolpern. Denn

das, worauf du dich fokussierst, wird durch deine Energie gefüttert. Where focus goes, energy flows.
Somit hast du eine enorme Macht durch deinen Fokus, den du jeden Tag selbst bestimmen kannst. Es ist wichtig, die Richtung, in die du in deinem Leben laufen möchtest, nicht nur einmal zu bestimmen und dann wie ein Wilder loszurennen. Auch auf dem Weg musst du den Kopf immer wieder heben, um sicherzustellen, dass du noch in die richtige Richtung läufst und deinem Ziel immer näher kommst. Korrigiere deine Richtung, wenn es sein muss – aber lass dich nicht von deinem Ziel abbringen, wenn es wirklich dein Traum ist.
Denn viele Menschen gehen mit ihrer Zeit und auch mit ihrer Energie um, als hätten sie unendlich viel davon. Kennst du das, dass du häufig abends einfach müde bist, weil du all deine Energie an diesem Tag voll ausgelebt hast? Das ist total gut und wertvoll, wenn du diese Energie so verwendet hast, dass du deinem Ziel näher gekommen bist. Du setzt deine Energie so oder so ein –ob du sie zum Beschweren über das unzureichende Schulsystem nutzt oder dazu, deinen Eltern ein von Herzen kommendes Kompliment zu machen. Diese Energie wird am Ende deines Tages verbraucht sein und du hast selbst die Wahl, wofür du sie einsetzt. Also zoom einmal auf deinen Fokus und stell ihn auf den Bereich des Bildes scharf, der dir wichtig ist. Wie es auch bei deiner Kamera ist, stellt sich der Fokus manchmal auf etwas scharf, das du gar nicht fokussieren willst. Dann hast du es selbst in der Hand, den Fokus auf den Bereich deines Lebensbildes zu richten, den du durch deine Energie füttern und größer machen willst.

Du hast jeden Tag eine bestimmte Menge Energie und das ist über ein ganzes Jahr verteilt eine riesige Energiemenge. Wenn du diese Energie in eine falsche Sache steckst, die dir und anderen Menschen schadet, wie beispielsweise schlecht über deine Mitmenschen zu reden, dann hast du diese Energie einfach verschwendet. Außer möglicher Feindschaft, Missgunst, Neid und Unwohlsein kann diese Energie keine Ergebnisse mehr hervorbringen und das hast du selbst so gelenkt, weil du deinen Fokus nicht verändert hast. Sorgen sind ein gutes Beispiel für etwas, das wir durch unsere Energie sehr stark machen können. Obwohl wir wissen, dass wir durch die Sorge um unsere Kinder, Partner und liebsten Menschen nicht verhindern können, dass ihnen Schlimmes widerfährt, füttern wir diese Sorge. Wir legen unseren Fokus auf Situationen, die uns gefährlich erscheinen und steigern uns manchmal sehr in diese Sorgen rein. Die Sorgen werden immer größer und die Unsicherheit bei unserem Gegenüber vielleicht ebenso. Doch wenn wir uns wünschen, glücklich und sorgenfrei zu leben, sollten wir unseren Fokus in diese Richtung lenken. Dann sollten wir unsere Energie vielmehr darauf verwenden, wie wir glücklich sein können statt wie wir uns weniger sorgen. Allein den Fokus auf die Sorgen zu lenken, füttert diese nur wieder unnötig. Also lenke deinen Fokus dorthin, wo du ankommen willst. Formuliere keine „nicht“-Aussagen in deinem Kopf, denn diese kann unser Gehirn nur schwer verarbeiten. Wenn ich dir jetzt sofort auftrage, nicht an einen rosa farbenen Elefanten zu denken, der kurze Stummelbeine hat und fliegen kann... Woran denkst du natürlich zuerst? Dein Gehirn übersieht

das Wort „nicht" an diese Stelle und genauso passiert das auch in deinen Gedanken, in deinem Leben. Wenn du dir wünschst, das heutige Spiel mit deiner Sportmannschaft nicht zu verlieren, liegt dein Fokus auf dem Verlieren beziehungsweise darauf, dieses zu vermeiden. Dennoch ist das ein anderer Fokus als der Fokus einer Gewinnermentalität. Du solltest dich also viel eher darauf konzentrieren, wo du ankommen möchtest, nämlich heute als Gewinner vom Platz zu gehen –so weiß dein Kopf, was zu tun ist und du kannst ihn mit den richtigen Gedanken füttern.
Dein Fokus bestimmt, wo du ankommst. So simpel dieser Satz auch ist, so wichtig ist er auf deinem Weg zum Optimisten. Dein Fokus entscheidet, wie du dich fühlst und ob du am Ende des Tages stolz sein kannst, deinem Ziel einen Schritt näher gekommen zu sein. Denn alles, was deinem Ziel widerspricht, wird sich in Zukunft komisch und ungut anfühlen, wenn du es tust. Das bedeutet keinesfalls, dass du keine Pausen mehr machen sollst, denn die sind zwingend nötig zum Regenerieren und damit du im Anschluss wieder mit geschärftem Fokus Vollgas geben kannst. Doch es geht darum, im Blick zu haben, wann dein Fokus auf einer Pause liegen sollte und wann du neue Ziele anvisierst.
So, wie du deine Umwelt und dein Leben wahrnimmst, reagierst du auch darauf. Wenn du deinen Blick auf die schönen und erfreulichen Dinge lenkst, wirst du von Dankbarkeit erfüllt sein und diese Dankbarkeit ausstrahlen. Du wirst deine Mitmenschen anlächeln und sie mit einem besseren Gefühl zurücklassen als sie es hatten, bevor sie dich getroffen haben. Darum geht es: deinen Fokus so einzustellen, dass du Gutes wahrnimmst, dass du dich

daran erfreuen und es der Welt zurückgeben kannst. Denn so ziehst du wiederum viel mehr Positives in dein Leben. Was glaubst du, mit wem Optimisten sich lieber umgeben – mit einem missmutigen Griesgram oder einem strahlenden, lebensbejahenden anderen Optimisten? Die meisten Menschen wünschen sich, dass sie nach einem Treffen mehr Energie haben als vor dem Treffen und nicht von Energievampiren ausgesaugt werden. Deshalb ist es entscheidend, mit wem wir uns treffen und worauf unser Fokus liegt. Denn wir werden zu einem Mittel der fünf bis sechs Personen, mit denen wir die meiste Zeit verbringen. Also lasst uns wählerischer sein mit unserem Fokus. Ich schätze es sehr, dass du auch den Menschen helfen möchtest, die keine Optimisten sind und Zeit mit ihnen verbringst. Es spricht gar nichts dagegen. Doch achte auf die Dosis und darauf, dass du genügend Zeit dafür einräumst, positive Gedanken tanken zu können und deinen Fokus auf die schönen Dinge des Lebens zu lenken. „Die schönen Dinge des Lebens“ ist schon so oft gesagt, dass es etwas abgedroschen klingt. Doch es ist wichtig, diesen Aspekt nicht einfach gedanklich zu überspringen, denn auch er verlangt Übung. Bestimmt kennst auch du Menschen oder bist eventuell selbst so ein Mensch, dem es schwer fällt, die schönen Seiten des Lebens überhaupt wahrzunehmen. Du mühst dich ab und gibst alles, um deinen Fokus darauf lenken zu können, doch die schönen Seiten verstecken sich wie flinke Ninjas vor dir? Dann bist du möglicherweise aus der Übung. Ebenso wie ein Sportler brauchst du als zukünftiger Optimist ein bestimmtes Training. Es wird dir so viel leichter fallen, Schönes zu entdecken, wenn du diese Fähigkeit

eine Weile trainiert hast und viele schöne Momente gesammelt hast. Solange dir dieser Fokus schwer fällt, könnte es hilfreich sein, wenn du dir jeden Abend drei Dinge aufschreibst, für die du dankbar bist. Achte darauf, dass sich diese Dinge nicht jeden Tag doppeln, damit du wirklich gewissenhaft übst. Sie dürfen sich aber auch ab und zu doppeln, wenn du für etwas besonders dankbar bist. Du wirst feststellen, dass du schon nach kurzer Zeit deinen Fokus ganz anders kontrollieren kannst als noch vor wenigen Tagen.
Dein Fokus bestimmt, wie du die Welt siehst.

Damit du sie in Zukunft eher so sehen kannst, dass sie dir Gutes bringt und du deine Ziele erreichst, weil du deine Energie gezielt einsetzen kannst, bekommst du in diesem Kapitel den Schlüssel „Zoom auf deinen Fokus" überreicht. Seine Inschrift erinnert dich daran, auf dem Weg immer mal wieder deinen Fokus zu überprüfen, damit du am Ende wirklich durch die Ziellinie läufst. Dieser Schlüssel öffnet dir alle Türen zu einem positiven Fokus und verschließt gleichzeitig jene, die negativen Input für dich bereithalten würden.

Unterschätze nicht, welche Macht du all den Dingen gibst, die du nicht magst oder die dich nerven, indem du deinen Fokus immer wieder darauf lenkst. Du fütterst diese Situationen und Menschen mit deiner Energie, ob du es willst oder nicht. Wenn dich das stört und du deine Energie nicht verschwenden willst, verlege deinen

Fokus dorthin, wo deine Energie für dich und andere Gutes schafft und dich persönlich in deiner Entwicklung weiterbringt.

Vierter Schlüssel: Gedanken machen Leute

Machen nicht ursprünglich Kleider Leute? Ja, das steht außer Frage! Der erste Eindruck zählt und lässt sich nicht revidieren. Doch wo wir den ersten Eindruck machen können und auf welche Menschen wir treffen, hängt maßgeblich von unseren Gedanken ab. Also lass uns bei der Ursache beginnen, damit du dich mithilfe deiner Gedanken in das Umfeld katapultieren kannst, das du dir wünschst.

Um den Zusammenhang besser verstehen zu können, brauchst du ein Bild vor deinem inneren Auge. Stell dir vor, wie der alte und weise Mahatma Gandhi dir mit ruhiger und freundlicher Stimme die Zusammenhänge erklärt. Er spricht zu dir mit solch einer Gelassenheit und Ruhe, dass du weißt: Du hast alle Zeit der Welt, um diesen grundlegenden Zusammenhang verstehen zu können und der weise Alte erklärt ihn dir gern ausführlicher, wenn du Fragen hast. Gandhi beginnt mit den folgenden Worten:

„Mein liebes Kind. Du gehst davon aus, dass du denken kannst, was du möchtest. Weil du meinst, deine Gedanken allein könnten ja keinen Schaden anrichten. Doch da irrst du dich. Es ist nicht verwunderlich, dass du so denkst, weil dir diese Geschichte immer wieder erzählt wurde. Doch heute möchte ich dir eine andere Geschichte erzählen. Du kannst die Version glauben, die dir mehr zusagt.

Was wäre, wenn deine Gedanken wirklich Berge versetzen könnten? Was wäre, wenn du allein durch deine Gedankenkraft das Energielevel deines Gegenübers steuern könntest? Was wäre,

wenn du ohne auch nur ein einziges Wort zu sprechen allein durch deine negativen Gedanken über ihn seinen Tag verschlechtern könntest? Du glaubst mir nicht? Probiere es selbst einmal aus. Triff einen Menschen, der dir missgünstig gestimmt ist, und verweile einen Moment in seiner Gegenwart. Am besten wählst du jemanden aus, der seine Abneigung nicht offen kundtut. Sei ehrlich zu dir selbst, was diese Begegnung mit dir macht.
Deine Gedanken bleiben nicht allein Gedanken. Sie sind die Grundlage deiner Emotionen. Je nachdem, wie du eine Situation beurteilst, so fühlst du dich. Wenn du einer Situation sehr viel Bedeutung beimisst, die nicht nach deinen Wünschen verläuft, fühlst du dich möglicherweise traurig oder wütend. Stell dir vor, dass du beispielsweise diese wunderschöne junge Frau dort auf der anderen Straßenseite ansprechen möchtest und du dich einfach nicht traust, weil sie so hübsch ist, dass du sie nicht verdient hast. Vermutlich würde sie dich keines Blickes würdigen und ist sicher schon in festen Händen, stimmts? Allein durch deine Gedanken erzeugst du ein schlechtes Gefühl in dir. Ohne sie angesprochen oder Blickkontakt gesucht zu haben, ziehst du Schlussfolgerungen, die nicht einmal wahr sein müssen. Dennoch ist dein Gefühl bereits sehr real.
Auf Gedanken folgen immer automatisch Gefühle. Ob wir das wollen oder nicht – es passiert immer. Welche Art von Gefühlen folgt, hängt von unseren Gedanken und der Art unserer Interpretation ab. Wenn wir keine besonders aufmerksamen Menschen sind, werden wir oft von unseren Gefühlen übermannt ehe wir sagen könnten, wie uns geschieht.

Wie wir auf bestimmte Gedanken reagieren wird schnell zur Gewohnheit. Denn wir Menschen denken über den ganzen Tag verteilt in etwa 50.000 Gedanken. Viele davon finden natürlich unterhalb unserer Bewusstseinsgrenze, im Unterbewusstsein, statt. Viele der Gedanken sind dieselben, die wir auch gestern und vorgestern gedacht haben. Stell dir einmal vor, wie gefestigt deine Reaktion auf einen bestimmten Gedanken ist. Wenn dein Gedanke an einen möglichen Krieg in deinem Land schon häufig das Gefühl von Angst hervorgerufen hat, dann ist diese Verbindung zwischen dem Gedanken und dem Gefühl sehr stark. Sie sind so stark verknüpft, dass du gar nicht merken wirst, wann dieses Gefühl deinem Gedanken gefolgt ist. Sie gehen Hand in Hand.

Kommst du soweit mit, mein liebes Kind?

Sonst frag doch ruhig, ich erkläre es dir gerne. Es ist ein sehr wichtiges Thema, das du verstehen solltest, wenn du die Macht deiner Gedanken wirklich erkennen möchtest. So kannst du dein Leben glücklicher machen. Nicht mit Hexerei oder Medizin, sondern indem du bei dir selbst anfängst.

Nun gut, dann gehen wir weiter. Gefühle an sich wären weder schädlich noch nützlich. Doch Gefühle bestimmen unsere Entscheidungen. Stell dir einmal vor, du hättest das wunderschöne Mädchen auf der anderen Straßenseite angesprochen und ihr würdet euch wirklich gut verstehen. Dann hast du dabei gute Gefühle, freust dich vermutlich und wirst entscheiden, sie auch in Zukunft häufiger zu sehen. Richtig? Deine positiven Gefühle ihr gegenüber formen deine Entscheidung.

Dieser Entscheidung wiederum folgen deine Handlungen. Wenn du dich entschlossen hast, sie öfter zu sehen, wirst du dementsprechend handeln und sie fragen, ob dies auch in ihrem Interesse sei. Du wirst dich um sie bemühen, freundlich mit ihr sprechen und ein nächstes Treffen vorschlagen.

Somit werden -wie du siehst- aus deinen Gedanken wesentlich schneller echte Handlungen als du es möglicherweise zu Beginn angenommen hast, als du noch rücksichtslos mit Gedanken um dich geworfen hast. Deine Gedanken bestimmen dein Auftreten, deine Ausstrahlung. Wenn du dir vor dem Aufeinandertreffen eingeredet hast, dass du dich blamieren wirst, spricht deine Körperhaltung dafür und die Wirklichkeit wird sich deiner Annahme anpassen. Du hast die Entscheidung gefällt, wie ein Angsthase aufzutreten und dies wird schüchterne und unsichere Handlungen zur Folge haben. Doch an dieser Stelle hört der Einfluss der Gedanken noch lange nicht auf. Über Entscheidungen führen Gedanken also zu Handlungen.

Bist du bereit für den nächsten Schritt? Was können Handlungen noch nach sich ziehen? Sie sind ja schon greifbar gewordene Gedanken. Deinen Handlungen gehen immer Gedanken voraus und auf Gedanken folgen immer Handlungen. Wenn du nun also häufig dieselben Gedanken denkst und darauf ähnliche Handlungen folgen lässt, dann festigen sich diese Handlungen und werden zu deinen Gewohnheiten. Gewohnheiten nisten sich in dir ein, in deinem Körper und deinem Geist. Dies gilt sowohl für gute als auch für schlechte Gewohnheiten.

Stimmst du mir zu, mein Kind?

Wenn du etwas Neues erlernen willst wie beispielsweise eine neue Sportart, dann erfordert dies am Anfang viel Training und Erklärung bis du dich allmählich an die neuen Bewegungen gewöhnt hast. Das gilt für jeden Lebensbereich. Wo auch immer du eine neue Gewohnheit etablieren möchtest, wirst du dich mit den alten Gewohnheiten konfrontiert sehen, die dich davon abhalten wollen. Dein Gehirn ist darauf ausgelegt, dein Überleben zu sichern. Solange dies gewährleistet ist, sträubt es sich erst einmal gegen jede Art von Veränderung.

Hast du jedoch einmal deine neuen Gewohnheiten etabliert, können sie durch regelmäßige Wiederholung zu großen, unumstößlichen Gewohnheiten heranwachsen wie deine alten Gewohnheiten.

Was haben allerdings deine Gewohnheiten damit zu tun, auf welche Menschen du in deinem Leben triffst? Hier schließt sich der Kreis schon beinahe. Hab nur noch ein bisschen Geduld, mein Kind.

Deine Gewohnheiten bestimmen deinen Charakter. Das, was du täglich machst und dies möglicherweise über Jahre und Jahrzehnte hinweg, bestimmt zu welcher Person du wirst. Wenn du aufgrund deiner Gewohnheiten immer dieselben Straßen entlanggehst und immer in denselben Läden einkaufst, so triffst du immer auf dieselben Menschen, die den gleichen Gewohnheiten nachgehen wie du. Die Gewohnheiten, die du über einen längeren Zeitraum pflegst, entscheiden darüber, wer du bist. Und wer du bist, entscheidet schließlich über dein Schicksal.

Du bist also keinesfalls machtlos gegenüber deinem Schicksal und musst es einfach über dich ergehen lassen. Erst gerade habe ich dir aufgezeigt, wie du über wenige einfache Schritte dein Schicksal beeinflussen kannst. Es beginnt ganz einfach in deinem eigenen Kopf. Wenn du mir nicht glaubst, schau dir all jene Menschen an, denen ihr Schicksal scheinbar wohlgesonnen ist und frag sie nach ihrem Geheimrezept. Möglicherweise ist dieses Rezept gar nicht so geheim und mysteriös wie du all die Jahre dachtest und es wurde nur großes Aufsehen darum gemacht.
Wenn du dein Schicksal selbst bestimmen möchtest und dir aussuchen möchtest, welche Menschen zukünftig anhand deiner Kleidung und deines Auftretens einen ersten Eindruck von dir bekommen können, dann forme deinen Charakter bewusst. Du ziehst das an, was du ausstrahlst. Doch dies ist eine andere Lektion und würde an dieser Stelle zu weit reichen.
Merk dir ganz einfach, dass deine Gedanken immer mit Gefühlen verknüpft sind. Deine Gefühle festigen deine Entscheidungen und diese sind schließlich die Grundlage deiner Handlungen. Deine Handlungen werden zu Gewohnheiten und formen somit deinen Charakter. Dieser bestimmt letztendlich dein Schicksal und somit formen deine Gedanken dein Schicksal. Darum geh nicht zu sorglos mit ihnen um, mein Kind."

Hach, Gandhi ist wirklich ein weiser Mann oder?
Ich freue mich, dass du ihm gebannt zugehört hast und seine Botschaft in dir aufnehmen konntest. Zur Erinnerung an euer Aufeinandertreffen möchte ich dir gern diesen vierten Schlüssel

mit der Inschrift „Gedanken machen Leute“ überreichen. Vergiss nie die eindringlichen Worte dieses weisen Mannes. Geh nicht zu sorglos mit deinen Gedanken um, weil sie nicht nur in deinem Leben weite Kreise ziehen können. Sie sind der Schlüssel zu allem. Wann immer du dir einen neuen Gedanken wünschst, der deine Sichtweise und deine Gefühle verändert, nimm diesen Schlüssel zur Hand. Überlege, wie du dich lieber fühlen würdest. Glücklich und ausgelassen? Welche Gedanken müsste deiner Meinung nach ein Mensch denken, der sich genau so fühlt? Siehst du auch gerade das kleine Mädchen mit den zwei Zöpfen singend die Straße entlang tanzen? Mit ihrem kleinen Rucksack und dem breiten Grinsen im Gesicht ist sie unverkennbar sorglos und glücklich. Was denkt sie wohl?

Mit dem besonderen und wertvollen Wissen dieses Kapitels kannst du das Feld auch von hinten aufrollen. Wenn sich die einzelnen Bestandteile Gedanken, Gefühle, Entscheidungen, Handlungen, Gewohnheiten, Charakter und Schicksal alle gegenseitig bedingen, kannst du auch an beliebiger Stelle eingreifen. Sollte es dir einmal nicht möglich sein, deine Gedanken oder Gefühle so unter Kontrolle zu bekommen wie du es dir gerade wünscht, kannst du ebenso bei deinen Handlungen ansetzen. Wenn du ein Morgenmuffel bist, dem das Aufstehen jeden Morgen enorm schwerfällt, kannst du statt deiner Gedanken leichter deine Handlungen verändern. Probiere einmal Folgendes aus, nur als Test. Sollte dich die Testphase von einer Woche nicht überzeugt haben, hast du ein uneingeschränktes

Rückgaberecht. Grinse morgens, noch während du im Bett liegst, für zwei Minuten die Decke an. Anfangs wirst du dir vorkommen wie der Joker aus Batman -mit deinem schiefen müden Grinsen, das dich nicht im Ansatz selbst überzeugt. Doch das ist egal. Du kannst so skeptisch sein wie du möchtest. Dein Körper sendet durch das Grinsen Signale an dein Gehirn, dass anscheinend alles gut ist und es Grund zur Freude gibt. Du wirst überrascht sein, wie viel mehr Energie du allein dadurch hast, dass du deinen Tag mit einem langen Grinsen beginnst. Dadurch bessert sich deine Stimmung und bringt positivere Gedanken mit sich. Du siehst also, dass du nicht nur an einer Stelle eingreifen kannst, wenn du ein Schicksal verändern möchtest. Trau dich und mach den Selbstversuch.
Was hast du schon zu verlieren?

Okay, das ist zwar keine besonders optimistische und lösungsorientierte Frage, aber wir üben ja noch. Unterwegs darfst du dir gern alle Fragen stellen, die dir durch den Kopf gehen. Wenn du dich dabei auch noch glücklich fühlen möchtest, probiere nebenbei zu grinsen.

Fünfter Schlüssel: Du bist was du sagst

Dieses Kapitel folgt selbstverständlich nicht aus Zufall auf das Vorangehende. Und auch wenn der Titel ähnlich anmutet, erhältst du in diesem Kapitel einen weiteren Schlüssel. Er heißt „Du bist was du sagst“. Wie kannst du automatisch sein was du sagst, wenn es doch so viele Menschen auf der Welt gibt, die nur reden und nicht wirklich etwas bewegen? Diese Schnacker sind das Gegenteil von tatkräftigen Machern. Wichtig ist bei diesem Schlüssel, die ehrliche Intention hinter dem Gesagten zu erkennen.

Wusstest du, dass dein Gehirn nicht dazu da ist, um dich glücklich zu machen? Manchmal verlangen wir das gewissermaßen von unserem Gehirn. Wir sind wütend und verfluchen es, wenn es uns schlecht geht, weil wir negative Gedanken haben. Obwohl wir doch wissen, dass unsere Energie immer unserem Fokus folgt. Seitdem ich nun also weiß, dass mein Gehirn nicht dazu da ist, um mich glücklich zu machen, kann ich ganz anders damit umgehen. Denn ich habe gelernt und konnte am eigenen Leib erfahren, dass unser Gehirn dazu da ist, um Lösungen zu finden. Dein Gehirn findet auf alle Fragen, die du ihm stellst, eine Antwort. So beispielsweise auf die Frage, warum an diesem Samstagabend einfach niemand mit dir gemeinsam ausgehen möchte, obwohl du schon alle deine Freunde angerufen hast. Du stellst deinem Gehirn diese Frage und dein Gehirn antwortet. Denn dazu ist es da – es findet Lösungen. Ob du dich anschließend mit der Lösung furchtbar schlecht fühlst und traurig auf deinem Sofa sitzen

bleibst, ist deinem Gehirn im Grunde egal. Es denkt nicht in Emotionen. Es sucht nach Lösungen. Solange du keine neue Frage stellst, sucht es auch nicht nach neuen Antworten.
Vielleicht kennst du aus der Musik den Begriff der „Dissonanz"? Eine Dissonanz ist ein Zweiklang aus zwei gemeinsam gespielten Tönen, die absolut nicht zueinander passen und sich zusammen ganz furchtbar anhören. In den meisten Musikstücken sind Dissonanzen nicht absichtlich integriert und kommen eher dann zustande, wenn sich einer der Musiker verspielt. Dieser furchtbare Missklang ist allen, die ihn hören, total unangenehm und geht dem Zuhörer wirklich unter die Haut; jedoch nicht so wie beabsichtigt. Alles, was man sich in diesem Moment wünscht - ganz besonders als Musiker- ist, dass der Klang ein Ende hat. Dieses Geräusch, bei dem sich innerlich alles zusammenzieht, soll verstummen und zwar so schnell wie möglich.
Du kannst es dir so vorstellen, dass dein Gehirn genauso Dissonanzen wahrnimmt. Wenn etwas in der Außenwelt nicht mit dem von dir Gesagten in Einklang zu bringen ist, weil das Zusammenspiel einfach furchtbar ist und sich widerspricht, sucht dein Gehirn eine andere Lösung. Wie auch beim Musizieren muss sich eine Seite nun anpassen, damit die Dissonanz beendet werden kann. Entweder hört ein Musiker einfach auf zu spielen oder man einigt sich auf einen wohlklingenden Zweiklang. Genau so ist das im Leben. Dein Gehirn kann die Dissonanz nicht aushalten und sorgt dafür, dass von dir Gesagtes oder auch nur Gedachtes wieder mit der Realität in Einklang gebracht wird. Weil es deinem Gehirn tendenziell verwehrt bleibt, die Außenwelt in

erheblichem Maße zu beeinflussen, fängt es zuerst in deinem Kopf an. Wenn du dir nun also allein auf deinem Sofa einredest, dass dich wohl niemand deiner Freunde wirklich mag und du ein einsamer Versager bist, sind diese Gedanken kein Zufall. Dein Gehirn hat, in Zusammenarbeit mit deinen typischen Denkmustern und Glaubenssätzen, eine zufriedenstellende Lösung gefunden und kann sich nun wieder entspannt zurücklehnen. Dein Problem ist nun allerdings, dass diese Gedanken in Dauerschleife durch deinen Kopf laufen. Das ist keine angenehme Melodie und sie sorgt dafür, dass du dich wirklich schlecht fühlst. Aber die Aufgabe deines Gehirns ist getan und es hat deine Frage nach dem Warum erfolgreich beantwortet.
Aus genau diesem Grund ist es unverzichtbar, dass du dir einmal genauer anschaust, welche Fragen du dir in deinem Leben stellst. Du denkst das sei dir längst bewusst? Starte trotzdem einmal kurz den Selbstversuch und schreib dir auf ein Blatt Papier wortwörtlich die Frage, die du dir aktuell in deinem Leben am häufigsten stellst.
Anschließend überlege dir, welche Antwort dein Gehirn bisher auf diese Frage gefunden hat oder welche möglichen Antworten es finden könnte -unabhängig davon, ob sie dir gefallen oder nicht. Denn du erinnerst dich ja, dass dein Gehirn nicht nach einer möglichst angenehmen Antwort für dich sucht, sondern nach der naheliegenden Antwort. Die Gedanken, die du häufig denkst, werden zu deiner Gewohnheit. Auch das ist dir bei dieser Aufgabe bewusst und du kannst es berücksichtigen. Warum deine Gewohnheiten sich so festsetzen und welchen Zweck sie

verfolgen, erfährst du mit dem Schlüssel „Du machst das schon immer so“. An dieser Stelle ist erst einmal nur wichtig, dass du anhand deiner häufigen Gedanken möglichst ehrlich für dich beantwortest, auf welche Antworten dein Gehirn kommen wird. Dein Gehirn ist sehr komplex, aber in diesem Punkt leicht zu durchschauen. Es findet Lösungen.

Wenn dir also die Lösungen auf die Frage, die du dir aktuell stellst, nicht gefallen und sie dich nicht weiterbringen, könntest du deine Frage ändern. Für mich ist es besonders hilfreich, wenn ich meine Ob-Fragen in Wie-Fragen umformuliere. Statt mich zu fragen, ob ich etwas schaffen werde, frage ich mich also, wie ich es schaffen kann. So muss sich mein Gehirn etwas mehr anstrengen, um mir nicht nur eine einfache Ja/ Nein - Antwort zu präsentieren, sondern eine praktische Lösung zu finden. Wenn ich mich frage, wie ich etwas schaffe, wird mein Gehirn offen für Lösungswege und schaut in verschiedene Richtungen. Genau das wollen Optimisten: Sie suchen nach verschiedenen Optionen, um sich für eine entscheiden und diese ausprobieren zu können. Sollte sich herausstellen, dass dieser Weg nicht nach Rom führt, gehen Optimisten eben einen anderen Weg. Sie haben eine Wahl. Und sie wissen, dass sie in Rom ankommen.

Das, wonach du dein Gehirn fragst, bekommst du auch. Wenn du dich nun selbst am Samstagabend auf deinem Sofa als ungeliebten Versager betitelst, nimmt dein Gehirn diese Information auf. Es stellt allerdings auch fest, dass deine Freunde dir letzte Woche einen tollen Geburtstag bereitet haben. Diesen Widerspruch, diese Dissonanz, kann dein Gehirn nicht so stehen

lassen. Dadurch, dass du dich selber immer aufschaukelst und den Versager-Gedanken durch ständige Wiederholung in dein Gehirn pflanzt, gibt dieses irgendwann nach und übernimmt den Gedanken. Das Problem mit dem Widerspruch besteht weiterhin.
Also wird dein Gehirn mithilfe deines Körpers dafür sorgen, dass deine Gedanken Wahrheit werden. Wenn du es nicht offen vor deinen Freunden ansprichst und ihr ein klärendes Gespräch führen könnt, wirst du ihnen ab sofort anders begegnen, weil du enttäuscht bist. Du wirst ihnen möglicherweise -unbewusst- Schuldzuweisungen machen, die sie unterbewusst sehr wohl wahrnehmen und dann werden sie sich in deiner Gegenwart nicht mehr so wohl fühlen wie zuvor. Du wirst deine tolle Ausstrahlung für sie verlieren und sie können sich gar nicht erklären, warum. Dabei wollten sie doch bloß am Samstagabend nicht mit dir ausgehen, weil sie müde vom Tag waren und früh ins Bett gehen wollten. Dein Gehirn aber hat eine andere Lösung gefunden.
Ob du es nun auf dein Gehirn, das Universum oder höhere Mächte schieben möchtest: Deine Gedanken und die Welt um dich herum werden sich früher oder später einander angleichen, um die Dissonanz zu überwinden. Deshalb sorg dafür, dass du dich dorthin denkst, wo du stehen möchtest. Du weißt schon, welche außergewöhnliche Kraft deine Gedanken haben und hast einen Schlüssel, der dich immer daran erinnert. Doch sie haben nicht nur einen zweitrangigen Einfluss auf dein Leben, sondern sie bestimmen dein Leben. Deine Gedanken und dein Gesagtes machen dich zu dem, was du bist. Das, was du heute bist, bist du durch all deine Gedanken und die Worte, die du über dich selbst

oder andere über dich gesagt haben, geworden. Das mag jetzt erstmal ernüchternd klingen. Doch wenn es funktioniert hat, dich durch bestimmte Fragen an dich selber zu dem Punkt zu lenken, an dem du heute stehst, dann ist es ebenso möglich, dass du deinem Leben durch andere Fragen eine neue Richtung gibst.

Konzentrier dich darauf, dir selbst die Fragen deines Lebens so zu stellen, dass die Antworten darauf dich in die Richtung schießen, die du dir für dein Leben wünschst. Denn du wirst zu dem, was du dir selbst sagst. Kennst du den englischen Ausdruck „Fake it until you make it“? Das bedeutet sinngemäß: Täusche es so lang vor bis du wirklich dort angekommen bist.
Überleg dir, wie die Person, die du sein möchtest, wohl handelt. Überleg dir, wie sie denkt, wie sie mit sich und anderen Menschen spricht, wie sie auftritt, wie sie gekleidet ist. Stell dir ganz konkret den Gesichtsausdruck der Person vor, die du sein möchtest. Mit welchen Menschen umgibt sich diese Person, womit verbringt sie die meiste Zeit des Tages?
So wie es mit negativen Gedanken passiert, dass du dich selbst in eine Abwärtsspirale hineindenken kannst, so geht es auch mit positiven Gedanken. Denk dich an den Punkt, an dem du stehen möchtest und dann benimm dich schon jetzt wie die Person, die du sein wirst. Dadurch wirst du über einige Zeit zu dieser Person. Wie du schon im vorigen Kapitel gelernt hast, kannst du dein Schicksal beeinflussen, indem du deine Gedanken oder auch deine Handlungen beeinflusst. Wenn du ab sofort wie die Person handelst, die du sein möchtest, wird dein Gehirn gezwungen sein,

die Dissonanz der Innenwelt und der Außenwelt zu beseitigen. So machst du dich selbst schon jetzt zu dem Menschen, der du sein willst.

Dein neues Ich wird nicht eines Tages vom Himmel fallen, sodass du ihm vorwurfsvoll gegenüber treten kannst mit den Worten „Auf dich habe ich immer gewartet. Du hättest dich auch schon früher blicken lassen können“. Die Person, die du ab heute sein möchtest, kreierst du selber. Du selbst hast Einfluss darauf, was aus dieser Person wird und vor allem, wie schnell sie zu einem glücklicheren und erfüllteren Leben findet. Hiermit übergebe ich dir deinen Schlüssel mit der Inschrift „Du bist was du sagst“. Vergiss nie, dass du es durch deine Worte selbst in der Hand hast, eine Dissonanz zu schaffen, die du zu deinen Gunsten auflöst. Wenn du mit deiner jetzigen Lebenssituation unzufrieden bist und dir dein zukünftiges Leben in allen Einzelheiten vor deinem inneren Auge ausmalst, schaffst du eine Dissonanz. Denn aktuell bist du noch nicht an dem Punkt, an dem du sein möchtest. Doch du sorgst dafür, dass du dich bereits so siehst und so fühlst wie du es dir für ein zukünftiges Ich wünschst.
Zuerst jedoch nimm sorgsam einen Schlüssel nach dem anderen an dich. Es ist wichtig, dass du die Formen der grundlegenden Schlüssel kennst, um auch die Bedeutung der nächsten Schlüssel verstehen zu können.

Um das bisher Gelesene einmal Revue passieren lassen zu können, nimm dir jetzt einen Moment Zeit für eigene Notizen.

Diese kannst du sowohl mit Stift und Block verfassen als auch digital. Ich würde dir jedoch immer zu Stift und Block raten, weil hierbei die Verknüpfung der Lerninhalte mit deinem bereits vorhandenen Wissen aufgrund der Motorik besser stattfinden kann.
Überleg dir deine drei wichtigsten Punkte aus dem bisher Gelesenen und such dir den einen Schlüssel aus, der für deine aktuelle Lebenssituation am entscheidendsten ist. Diesen Schlüssel wirst du zuerst -sinnbildlich oder auch real, diese Entscheidung bleibt dir überlassen- in deiner Hosentasche tragen, damit er immer in deiner Nähe ist und du dich an ihn gewöhnen kannst. Wenn du deine Hände mehrmals täglich in deinen Hosentaschen verschwinden lässt, greif jedes Mal nach dem Schlüssel, hol ihn kurz hervor und erinnere dich an deinen persönlichen Schlüssel für ein optimistischeres und freieres Leben voller Optionen.
Nutze diese kurze Lesepause wirklich für dich. Denn all das, was wir noch einmal wiederholen, verschriftlichen oder verbildlichen, prägt sich deutlich besser in unser Gehirn ein als einmalig Gelesenes.

Sechster Schlüssel: Es geht nicht immer nur um dich

Vermutlich fühlst du dich an dieser Stelle keinesfalls ertappt, sondern bist eher irritiert, warum ich dir diesen Vorwurf mache. Bestimmt bist du gar nicht so eine Person, die gern im Rampenlicht steht oder sich immer nur um sich dreht. Vielmehr sorgst du dich Tag und Nacht um andere und vernachlässigst dich dabei selber, stimmts? Diese Sichtweise ist auf jeden Fall ein möglicher Standpunkt und ich bin sicher, dass die Beschreibung auf der Verhaltensebene sicher auf viele von euch zutrifft. Mir geht es in diesem Punkt jedoch zuerst um deine Gedanken. Wie du aus den vorigen Kapiteln weißt, folgen auf deine Gedanken Handlungen.

In unseren Gedanken sind wir Menschen oft selbstsüchtiger als es auf den ersten Blick scheint. Das ist keine Anklage gegen dich oder mich, sondern lediglich eine Feststellung. Sie uns bewusst zu machen, kann sehr nützlich sein und uns das Leben vereinfachen.

Stell dir einmal vor, dass du deinem besten Freund eine Nachricht auf sein Handy schickst. Du fragst ihn darin, wann ihr euch das nächste Mal treffen wollt. Der Inhalt ist somit nicht besonders emotional und lässt auch nicht viel Interpretationsspielraum. Deine Intention dahinter ist klar: Du möchtest deinen besten Freund gern zeitnah wiedersehen. Es vergehen drei Stunden ohne eine Antwort. Dein Freund hat die Nachricht bereits nach kurzer Zeit gelesen, aber dir keine Antwort zurückgeschickt. Erst nach vielen Stunden tippt er dir abends eine sehr knappe Antwort -

ohne Smileys und ganz untypisch für ihn. „Weiß ich noch nicht. Melde mich wieder." Was denkst du?

Wahrscheinlich ist das nicht die Antwort, die du dir von jemandem gewünscht hast, den du wirklich magst. Wird dich diese Nachricht kalt lassen? In der Regel nicht. Die meisten von uns fragen sich selbst, manche externe Dritte und einige sogar direkt den besagten Freund, wie man diese Nachricht verstehen könnte. Was dann dabei herauskommt, weißt du selber. Solange du deinen besten Freund nicht selber fragst, kämpfen sich unterschiedliche Spekulationen ihren Weg an die Spitze bis du dann den Gewinner kürst und diese Erklärung für dich als „die Wahrheit" übernimmst. Ganz häufig gibt es bestimmte Anzeichen und es kann auch mal hilfreich sein, zwischen den Zeilen zu lesen. Doch du als Optimist und Held deines eigenen Lebens kannst es dir zur Angewohnheit machen, bei Unklarheiten bevorzugt persönlich nachzufragen statt deine wertvolle Zeit mit Spekulationen zu verschwenden. Es wäre möglich, dass dein Freund aktuell keine Lust auf dich und ein Treffen mit dir hat. Ebenso wäre es möglich, dass er dir tatsächlich Zeichen senden und dich zukünftig nicht mehr sehen möchte. Genauso gut könnte es aber auch sein, dass er einfach sehr gestresst ist zur Zeit und dir einfach besser schnell als gar nicht antworten wollte. Oder er hat sich aufgrund seiner persönlichen Situation zur Zeit vielleicht auch gar nichts bei dieser Nachricht gedacht, weil er einfach nicht den Kopf dafür hatte. Stimmst du mir zu, dass es tatsächlich mehr als eine mögliche Erklärung gibt?

Während du also davon ausgehst, dass dein Freund auf eine feige Art und Weise den Kontakt zu dir abbrechen will oder wütend auf dich ist, können unzählige andere Erklärungen ebenso zutreffen. Genau das meine ich mit „Es geht nicht immer nur um dich". Dieser Schlüssel befähigt dich, nicht alles persönlich zu nehmen, was dir widerfährt. Doch das zu erkennen und im Alltag anzuwenden erfordert Training. Tagtäglich sind wir mit Situationen konfrontiert, in denen wir uns schlecht fühlen, weil wir etwas persönlich nehmen, was gar nicht persönlich an uns gerichtet war. Wir fühlen uns für etwas schuldig oder verantwortlich, was weder in unserem Aufgaben- noch in unserem Interessenbereich liegt. Denn du übersiehst eine wichtige Tatsache, wenn du dich sofort angegriffen fühlst, weil dein bester Freund nur so knapp geantwortet hat: Dein bester Freund lebt in seiner eigenen Welt und obwohl wir es uns manchmal nur schwer eingestehen können, drehen wir uns die meiste Zeit des Tages um uns selbst. Dein bester Freund hat viele Lebensbereiche, in denen sich ständig Veränderungen ergeben können, und er ist ein Mensch wie du –voller Gefühle und Gedanken und das jeden Tag. Einer seiner Gedanken könnte ein negatives Gefühl in ihm ausgelöst haben, was zu einer unüberlegten Handlung geführt hat und schon ist er den ganzen Tag damit beschäftigt, diese Situation wieder in Ordnung zu bringen. Aus dem Grund konnte er dir nicht früher antworten und sogar heute Abend war keine längere Antwort drin, weil er völlig erschöpft vom Tag ist und sich einfach nur noch kurz bei dir melden kann bevor er einschläft.

Das, was andere zu uns sagen oder wie sie sich uns gegenüber verhalten, sagt tatsächlich mehr über sie aus als über uns. Diese Annahme kennt ihr bestimmt und in ihr steckt für mich viel Wahrheit. Nicht nur in Bezug auf Höflichkeit, denn in diesem Zusammenhang habe ich es früher öfter gehört. Sondern auch in Bezug auf alltägliche Situationen. Jeder von uns möchte sein Leben so gut es geht meistern, dabei nicht andauernd missverstanden werden und seine eigenen Ziele verfolgen. Dennoch sind wir Menschen echt komplexe Lebewesen und es kommt immer wieder zu Missverständnissen, weil wir etwas persönlich nehmen, was nicht persönlich gemeint war. Unser Gegenüber projiziert lediglich seine eigenen Gefühle und Gedanken auf uns. Diese Projektion kannst du dir so vorstellen wie ein Beamer ein Bild auf eine Wand überträgt, ungefiltert und 1:1. Unser Gegenüber macht das ohne böse Absicht, denn in den meisten Fällen fällt es ihm nicht einmal auf. Es wird ihm erst dann bewusst, wenn er konkret darauf hingewiesen wird und genug Selbstreflexion besitzt, um diese Behauptung offen und ehrlich für sich zu prüfen.

Ob dein Gegenüber nun also fröhlich und herzlich auf dich reagiert oder mürrisch und verschlossen, hängt nicht allein von deiner aktuellen Stimmung und dem, was du ausstrahlst, ab. Das, was wir ausstrahlen, überträgt sich auf den anderen. Doch beispielsweise zu Beginn eines Treffens bringt jeder seine eigene Lebensrealität

mit zum Treffpunkt und reagiert erst einmal entsprechend seiner Gefühle und Gedanken. Das hat nichts mit dir zu tun!
Warum nehmen wir uns dann so zu Herzen, was zu uns gesagt wird? Natürlich haben die Reaktionen der anderen Menschen einen Einfluss auf unsere Gemütslage und wenn wir uns emotional nicht vollkommen von unseren Mitmenschen abkapseln, haben sie immer auch einen gewissen Einfluss auf unser Leben. Dennoch können wir unsere Reaktionen selbst wählen. Wenn dir nun aber ein Mensch mit mieser Stimmung begegnet und dies sogar noch ein Mensch ist, den du sehr magst und nicht verstoßen möchtest, dann bist du in die Enge gedrängt. Oder? Du MUSST dir dann gewissermaßen seine Gedanken anhören und dich davon anstecken lassen. Stimmts?
Nein. Stimmt nicht. Du musst gar nichts. Das weiß du doch. Kram deinen ersten Schlüssel noch einmal hervor und erinnere dich daran. Du kannst deine Reaktion auf die schlechte Stimmung, die negativen Gedanken und Gefühle deiner Mitmenschen selbst wählen. Die einfachere Alternative ist es, dich diesen Einflüssen nicht permanent auszusetzen, denn auf Dauer entwickelst du dich zu dem Durchschnitt der fünf bis sechs Personen, mit denen du die meiste Zeit verbringst. Sollte dir strikter Abstand jedoch nicht möglich sein, streife zum Beispiel die negativen Gedanken und Gefühle nach dem Gespräch einfach von dir ab –als würdest du Staub aus deiner Kleidung klopfen. Lös dich emotional und auch physisch von diesen Einflüssen und sorg für guten, motivierenden Input. Das klingt jetzt zwar alles etwas egoistisch und ich-bezogen. Doch das ist für mich persönlich mein Weg zu Freiheit und

Optimismus. Jeder Mensch dreht sich einen Großteil des Tages um sich selbst und das ist okay. Denn wenn wir ständig negativen Einflüssen ausgesetzt sind, von denen wir uns aber nicht mitreißen lassen wollen, dann ist es mehr als nur ratsam, uns um einen positiven Gegenpol zu kümmern. Diesen können wir selbst schaffen und genau dort liegt deine Kraft! Deine Eigenverantwortung macht es dir möglich, Dinge nicht persönlich zu nehmen. Wenn dein Partner nun also über seinen Job, dein Kind über seine furchtbare Lehrerin und deine beste Freundin darüber jammert, dass du zu wenig Zeit für sie hast, dann nimmst du erst einmal nichts davon persönlich. In welchen Teufelskreis der negativen Gedanken würdest du dich ziehen lassen, wenn du dich jetzt darauf fokussieren würdest? Erinner dich: „Where focus goes, energy flows." Du hast es selbst in der Hand. Du kannst dich mitziehen lassen oder es einfach nicht persönlich nehmen, dass diverse Menschen nun mit unterschiedlichen Problemen und Stimmungen an dich heran treten. Gern kannst du mit ihnen zusammen nach Lösungen suchen, denn als zukünftiger Optimist ist genau das dein Weg –du suchst Lösungen. Jedoch suchst du nach ihnen, ohne dich von anderen anstecken zu lassen oder unüberlegt auf sie zu reagieren. Du weißt, dass sie ihre eigenen Leben zu meistern versuchen und manchmal ungewollt eigene Gefühle und Gedanken auf dich übertragen. Mit deinem Mann suchst du nun also nach einer Lösung für sein Problem, indem du ihm beispielsweise Fragen stellst, die du dir gerade bei der Lösungssuche stellst. Sammele Fakten und Gefühle, die aus ihm heraussprudeln, wie einzelne Puzzleteile für ihn zusammen, sodass er sich selbst ein besseres Bild machen und selbst eine Lösung finden kann. Versuch auch in der Situation mit deinem Kind herauszufinden, worum es ihm eigentlich geht. Ganz oft sagen wir Menschen etwas und verstecken dahinter Bedürfnisse, Wünsche, Sehnsüchte, Ängste, Hoffnungen und Befürchtungen. Die äußere Geschichte ist lediglich ein Hinweis darauf, worum es uns wirklich geht. Schau genauer hin und finde heraus, worum es den Menschen wirklich geht. Hat dein Kind Angst, bei dieser Lehrerin schlechte Noten zu bekommen, weil es befürchtet, dass sie es nicht leiden kann? Oder macht deine Freundin dir diesen scheinbaren Vorwurf, weil sie insgeheim den Verlust dieser für sie so wichtigen Freundschaft fürchtet? Was es auch ist, sicher ist dabei eines: Es geht zu einem sehr großen Anteil nicht wirklich um DICH. Es geht um die andere Person und ihren Standpunkt. Das ist allerdings nicht egoistisch. Denn ob du es nun beim ersten Lesen glaubst oder auch nicht: Du bist nicht anders. Auch bei dir dreht sich Vieles nur um dich. Wenn du dich von deiner Freundin angegriffen fühlst und nicht verstehen kannst, wie sie es sich herausnehmen kann, mehr gemeinsame Zeit mit dir einzufordern, dann schaust du lediglich aus deiner eigenen Perspektive auf die Situation. Der Schlüssel zu mehr gegenseitigem Verständnis, zu Akzeptanz und Harmonie lautet in diesem Kapitel „Es geht nicht immer nur um dich“. Im Leben der anderen geht es um sie selber und das ist auch gut so.

Evolutionär bedingt ist es sogar absolut hilfreich, dass du dich ständig um den Verlust des Zusammenhalts in deiner Gruppe fürchtest. Denn es gab eine Zeit, in der genau diese

Gedankengänge und damit verknüpfte Gefühle überlebenswichtig waren. Dass diese Zeit der Vergangenheit angehört, hat dein Gehirn noch nicht gemerkt. DU aber weißt es ab heute und hast die Macht, auch dein Gehirn mitzuziehen. Mach dich durch deinen sechsten Schlüssel immer wieder selbst darauf aufmerksam, dass es in den Leben der anderen Menschen –jedenfalls auf einer tieferen Ebene– um sie selbst geht und dass diese Tatsache völlig in Ordnung ist. Du bist selbst genauso. Das bedeutet nicht, dass jeder von uns jetzt nur noch an sich selbst denken und sich ausschließlich auf sich selbst konzentrieren sollte. Es bedeutet, dass du dich weder zu verschließen noch direkt in den Angriffsmodus zu gehen brauchst. Was jemand anderes dir vorwirft, hat mit ihm zu tun und nicht mit dir. Sogar wenn diese Person enttäuscht ist über eine Handlung oder ein Wort, das du gesagt hast, dann liegt es in der Macht dieser Person, ihre Sicht darauf zu ändern. Diese Person kann ihre Reaktionen selbst wählen und du bist nicht in der Verantwortung, alle Schuld der Welt auf dich zu nehmen. Du darfst frei sein, dich leicht fühlen und einfach nichts persönlich nehmen. Natürlich immer vorausgesetzt du unterschreibst unsere frühere gemeinsame Prämisse aus tiefstem Herzen und mit vollster Ehrlichkeit, dass du immer nach bestem Wissen und Gewissen handelst und anderen Menschen nicht wissentlich schadest. Denn der Ausspruch „Nimm nichts persönlich" soll keinesfalls all jene von ihrer Schuld befreien, die anderen Menschen absichtlich Schmerzen zufügen. Der Ausspruch soll all jene befreien, die sich selbst ein Gefängnis voller Schuldzuweisungen bauen, die sich in jedem Gespräch und durch jedes Wort anderer direkt angegriffen fühlen und immer dafür sorgen wollen, es allen recht zu machen. Andere haben die Macht, es sich selbst recht zu machen. Nicht du. Du begleitest sie auf ihrem Lebensweg, darfst sie gern unterstützen ohne dir dabei selbst alle Kraft rauben zu lassen und kannst manchmal die Fragen deines Herzens laut aussprechen. Denn das, was du dich wirklich fragst, wenn du liebevoll und wohlwollend zuhörst, stößt deine Mitmenschen auf ihre Herzensfragen. Das, was hinter einer Behauptung, einer Schimpftirade oder einer Anschuldigung liegt, ist das, worum es wirklich geht. Uns fällt es nur häufig sehr schwer, über „das Eingemachte", unser tiefes Inneres, zu reden. Denn bisher haben die meisten von uns eher gelernt sich zu verstecken, angepasst und friedlich zu reagieren –bis wir irgendwann explodieren. Der Weg aus diesem Teufelskreis führt über eine gute Selbstreflexion.

Indem du weißt, was in dir vorgeht, was deine Wünsche und deine Ängste sind, wirst du viele Anschuldigungen mit dahinter liegenden, versteckten Bitten nicht mehr brauchen. Denn dann wirst du dich klarer ausdrücken können und wissen, dass der einzige Schlüssel zu deiner inneren Freiheit in dir selbst liegt. Du verstehst, dass andere Menschen keine deiner Aussagen persönlich nehmen müssen und du sie nicht angreifst.
Denn dann kannst du viel direkter mit ihnen reden und das sagen, was du wirklich meinst.

Siebter Schlüssel: Du machst das schon immer so

Was denn genau? Das fragst du dich jetzt vielleicht. Na eben all das, was dich bisher davon abhält, ein freieres, leichteres und glücklicheres Leben zu leben. All das, was dich davon abhält, genau die Person zu sein, die du am liebsten sein möchtest. Das, was du schon immer so machst wie du es bis gerade eben gemacht hast, beginnt schon mit dem Aufstehen. Was im Kapitel „Gedanken machen Leute" an einer Stelle schon kurz angerissen wurde, wird hier vertieft. Doch zuvor habe ich eine Frage an dich: Hast du eine bestimmte Morgenroutine? Vermutlich antwortest du entweder mit einem bestimmten „Ja", einem bestimmten „Nein" oder einem zögerlichen „Joa". Bereits an dieser Stelle beginnt eine Gewohnheit von dir, die dich aufhält. Wenn du dir nicht ganz sicher bist, was ich unter einer Morgenroutine verstehe, dann frag mich doch erst einmal danach ehe du antwortest. In unserem Alltag geben wir uns viel zu schnell der Versuchung hin, allwissend sein zu müssen und diesen Schein immer wahren zu wollen. Durch den Ausspruch „Ich weiß" verbaust du dir die Möglichkeit, eine neue Sicht auf die Welt zu bekommen, indem du für einen kleinen Augenblick durch die Augen deines Gegenübers blicken könntest. Jeder von uns nimmt die Welt anders wahr und genau aus diesem Grund können wir uns so wunderbar gegenseitig bereichern: Weil wir sogar dieselbe Situation komplett unterschiedlich wahrnehmen können. So können wir schon dann aus einer Situation mehr mitnehmen als nur unsere eigene Sicht, wenn wir uns beispielsweise nach einem

Seminar, nach dem Anschauen eines YouTube-Videos, nach einer gemeinsamen Unterrichtsstunde mit anderen Teilnehmern darüber austauschen und uns vor allem ihre Sicht anhören. Was du bisher wahrscheinlich häufiger machst als es hilfreich wäre, ist: Du redest. DU redest. Aber du hörst nicht zu. Während dein Gegenüber redet, hörst du ihm nur oberflächlich zu und überlegst bereits, was du als nächstes antworten könntest und was du der Person noch mitteilen möchtest. Genau an dieser Stelle liegt meiner Meinung nach das größte Kommunikations-problem: Wir hören nur zu, um auf Gesagtes reagieren zu können. Dabei geht es doch gar nicht darum! Erinner dich an das vorige Kapitel und deinen neuen Schlüssel, dass es nicht immer nur um dich geht. Genau dieser Grundsatz ist einer der wichtigsten Grundsätze beim Thema Kommunikation. Um ein angenehmer, mitfühlender und geschätzter Gesprächspartner zu sein, bau zuerst deine Zuhörer-Fähigkeit aus. Hör auch einmal hinter die Worte, die die Menschen sagen. Fühl dich in ihre Situation ein und nimm wahr, wie du dich fühlen würdest. Denn letztendlich geht es ihnen nur selten um die Worte, die sie dir sagen, sondern vielmehr um ihr Gefühl dahinter und dass sie sich von dir verstanden fühlen wollen. Ehe du mir nun also gedanklich deine Morgenroutine aufzählst, nimm erst einmal wahr, dass dies schon der erste Punkt dessen ist, was dich von einem optimistischeren Leben abhält: Du redest zu viel und hörst zu wenig zu.

Nun aber wirklich zurück zu deiner Morgenroutine. Sich mit einem miesepetrigen Gesicht aus dem Bett zu quälen, aggressiv deinen Wecker auszudrücken, auf dem Weg zur Toilette die

Kaffeemaschine anzuschmeißen und im Auto zur Arbeit dein Brötchen zu essen, ist keine Morgenroutine. Eine gute Morgenroutine ist essenziell, um gut in jeden Tag zu starten und auf den Tag vorbereitet zu sein. Wenn du dich ausreichend vorbereitest, kann dich nichts so schnell aus der Bahn werfen und deine Problemlösefähigkeit wird sich nach und nach verbessern. Deine Morgenroutine könnte beispielsweise mit zwei Minuten im Bett beginnen, in denen du grinsend die Decke deines Zimmers betrachtest. Falls eine Person neben dir schläft, reagiert diese in der Regel verstört, sobald du dieses neue Ritual in deinen Alltag einführst. Aber nicht nur diese Person ist irritiert -du selbst bist es auch. Meistens wird dieses anfängliche Grinsen irgendwann durch ein Lachen abgelöst, weil du nicht glauben kannst, was du da gerade Abstruses machst. Wusstest du schon, dass dein Gehirn in dieser Hinsicht sehr leicht zu beeinflussen ist? Sobald du grinst, werden Glückshormone freigesetzt und obwohl weder dein Körper noch dein Kopf genau wissen, warum du eigentlich scheinbar gerade glücklich bist, machen sie mit. Denn beide können nicht anders. Und schon bist du glücklicher als zuvor. Dies ist wirklich ein simpler Trick, den jeder in seinen Alltag integrieren kann. Auch du! Selbstverständlich darfst du gerne hinterfragen, ob das denn überhaupt funktionieren kann. Du musst nicht daran glauben, dass es funktioniert. Denn das tut es so oder so. Wichtig ist lediglich, dass du es als Gewohnheit etablierst, also es wenigstens eine Woche lang ausprobierst, jeden Morgen vor dem Aufstehen zwei Minuten zu grinsen. Du kannst dies auch mit geschlossenen Augen tun – dein Gehirn findet es so oder so super und kann sich nicht dagegen wehren! Außer natürlich, wenn du dir währenddessen absichtlich schreckliche Gedanken einredest. Aber dann ist es auch sehr schwer, das Grinsen aufrecht zu erhalten. Nachdem du gegrinst hast, gibst du deinem Körper das, was er braucht: einen halben Liter Wasser (optional mit etwas Zitrone darin). Die meisten von uns trinken viel zu wenig und wundern sich, dass sich den ganzen Tag über so wenig Energie haben. Wenn du statt deines Kaffees Wasser trinken würdest, bekäme dein Körper eine viel bessere Chance, dir mehr Energie bereit zu stellen als bisher. Diese beiden Dinge sind grundlegend und leicht umzusetzen. Wenn du eine Ausrede findest, warum du sie nicht umsetzen kannst und dir diese Ausrede glaubst, dann helfen dir auch die weiteren Kapitel dieses Buches nicht. Ausreden verbrauchen genau so viel Energie wie Taten, führen nur eben zu nichts.

Wenn du dir schon jetzt vorstellen kannst, deine Morgenroutine nach dem Wassertrinken zu erweitern, kann ich dir sehr empfehlen, dir eine Sache aufzuschreiben, für die du dankbar bist. Außerdem kannst du dir einen konkreten Plan für diesen Tag machen, dir konkret vorstellen, wie du dein nächstes Ziel erreichen wirst und wo du dich in zehn Jahren siehst. Du kannst dir etwas Zeit nehmen, um ein Buch zu lesen und deinen Horizont von weisen Menschen erweitern zu lassen, die du zwar nicht persönlich treffen, aber deren Gedanken du in ihren Büchern persönlich begegnen kannst. Hierbei handelt es sich bereits um eine Morgenroutine für Fortgeschrittene. Deshalb fühl dich keinesfalls schlecht, wenn du das nicht direkt in deinem Leben umsetzen kannst. Vielmehr geht es mir darum, dass du den Morgen bewusster wahrnimmst. Dass du nicht mehr wie eine Leiche aus einem Sarg steigst, sondern merkst, dass du am Leben bist und wahrnimmst, welche Gedanken du bereits früh morgens denkst. Sicher kennst du es aus eigener Erfahrung, dass es einen großen Unterschied machst, ob du morgens verschläfst und total gehetzt in deinen Tag startest oder das Gefühl genießen kannst, dass du Zeit hast und in Ruhe noch 15 Minuten lesen und einen Tee trinken kannst. Ich war früher ein Mensch, der morgens nicht einmal eine Minute übrig hatte. Ich habe meinen Wecker immer so gestellt, dass ich unter höchster Anspannung und Beeilung gerade so pünktlich dort ankam, wo ich hin musste. Lange dachte ich, dass es diese paar Minuten, die ich länger schlafen konnte, wert wären. Doch ich habe mich geirrt. Deshalb habe ich diese neue Morgenroutine ausprobiert, die mich so viel glücklicher und gelassener werden ließ. Besonders wichtig ist, dass du während dieser Morgenroutine dein Handy nicht anfasst. Erst nachdem ich ein bisschen gelesen habe und wirklich wach geworden bin, erlaube ich es mir, auf mein Smartphone zu sehen. Seit dem Aufwachen sind dann immer in etwa 15 Minuten vergangen, die ich erst einmal nur für mich habe und in denen mich niemand aus der Außenwelt stören oder meine Laune beeinflussen kann. Ich wünsche mir, dass du es dir selbst wert bist, dir wenigstens die ersten 15 Minuten deines Tages zu schenken und diese fröhlich, ruhig und ausgelassen zu verbringen. Wenn du das wirklich einmal ernsthaft versuchst, wirst du merken, wie viel Frieden diese wenigen Minuten in dein Leben bringen können und dass du dir das dauerhaft wünscht. Bei mir ist es mittlerweile so, dass ich diese Zeit häufiger als nur einmalig für 15 Minuten pro Tag brauche und mir diese Zeit dann auch einräume.

Wenn dein altes Ich dann also im nächsten Schritt mit deinem leeren Kaffee-To-Go-Becher auf der Arbeit ankam und deine Kollegen gerade über deinen Chef gelästert haben – was hast du gemacht?

Fühl dich nicht schlecht, wenn deine Antwort nun der vieler anderer Leser gleicht. Oft passen wir uns einfach an, um nicht ausgeschlossen zu werden und das ist evolutionsbedingt eine sehr sinnvolle und überlebenssichernde Taktik. Zum Glück gibt es aber heutzutage das Internet, sodass du nicht direkt ganz allein von einem wilden Rudel Löwen zerfleischt wirst, wenn du einmal nicht bei deiner Gruppe bleibst. Statt wie üblich mit zu lästern, distanziere dich doch einmal von dieser Art zu leben und zu denken. Du weißt bereits aus dem Kapitel „Gedanken machen Leute", welch großen Einfluss deine Gedanken auf dein Leben haben. Statt dich also schon morgens selber mit automatischen Gedankengängen fertig zu machen, die du nicht einmal bewusst wahrnimmst, wirst du dich nun morgens mit einem Lächeln begrüßen. Achte bereits beim Aufstehen darauf, was du zu dir sagst und wie du mit dir selbst redest. Bist du so liebevoll, verständnisvoll und warmherzig wie du mit deiner besten Freundin umgehst? Oder tadelst du dich bereits mit den ersten Gedanken deines Tages für deine Augenringe, deinen schlechten

Traum letzte Nacht, dein eintöniges Leben und deinen Unmut aufzustehen? Wenn du dich oder andere ständig klein machst - und sei es nur in deinem Kopf-, dann hat das dauerhaft Auswirkungen auf dein Leben. Du bremst dich selbst, ja du stellst dir ganz einfach selbst ein Bein. Dein inneres Kind, das noch immer in jedem von uns lebt, fährt fröhlich singend Fahrrad und du steckst ihm einfach einen Ast zwischen die Speichen. Warum gehst du so mit dir um?

Bei mir war es ganz einfach Gewohnheit. Ich war es gewohnt, morgens Stress zu haben, habe mich selbst dafür verurteilt und war immer sehr kritisch und hart mit mir selbst. Ein gewisses Maß an Selbstkritik kann uns dazu verhelfen, unsere Leistungen stetig zu verbessern. Leider vergessen wir in unserer Gesellschaft manchmal, dass Kritik nicht lediglich dem Selbstzweck dienen soll. Es bringt nichts, wenn du dich einfach nur kritisierst, um dich gewohnheitsmäßig immer selbst klein zu halten. Du brauchst nicht länger Angst davor zu haben, zu groß und zu viel für dein Umfeld zu sein. Entwickele dich Schritt für Schritt weiter, jedoch ohne andere zu belehren. Und hör ebenso auf, dich selbst ständig belehren zu wollen. Ich finde es wunderbar, dass du nicht stehen bleiben möchtest und dass du hohe Ansprüche an dich selbst stellst. Dabei ist es jedoch unerlässlich, barmherzig mit dir selbst zu sein. Dieses Wort ist wirklich veraltet. Trotzdem habe ich es mir vor fünf Jahren auf einem kleinen Post-It auf mein Laptop geklebt, um mich immer wieder daran zu erinnern. Ich wollte nicht länger so hart mit mir umgehen als wäre ich ein armes Tier, auf das permanent eingeschlagen wird. Denn so habe ich mich

irgendwann gefühlt. Stattdessen wollte ich mich frei wie ein Adler fühlen, von anderen angesehen sein und nicht klein gemacht werden. Wie in so vielen anderen Bereichen deines Lebens beginnt es auch in diesem Bereich bei dir selbst: niemand kann dafür sorgen, dass du dich frei, gelassen und unbeschwert fühlst, wenn du dich selbst wieder in einen Käfig sperrst, sobald du zuhause bist. Es liegt an dir selbst, dir Freiheiten einzuräumen wie beispielsweise die Freiheit, nicht perfekt sein zu müssen. Mehr zu diesem Thema wirst du im Kapitel „Nicht lang schnacken, machen" erfahren.
Du merkst also, dass deine Gewohnheiten bereits morgens mit dem Aufstehen beginnen und dass du bereits an dieser Stelle etwas ändern kannst. Viele weitere Gewohnheiten, die dich von dem Leben entfernen, das du dir wünscht, schließen sich über den Tag verteilt an. Du bist von Menschen umgeben, in deren Gegenwart du einfach nicht anders kannst als auch zu lästern oder dich über sie zu ärgern. Diesen Ärger trägst du den ganzen Tag über in dir und nimmst ihn sogar abends mit nach Hause, um dich dann gemeinsam mit ihm auf dein Sofa zu kuscheln und in der Zeitvernichtungsmaschine anderen Menschen auf 50 Zoll zuzuschauen, wie sie ihr Leben leben. Keine Angst: Du kannst das ändern. Wenn du es willst! Du kannst dir selbst aussuchen, ob du deinen Ärger tage- oder sogar jahrelang mit dir rumträgst oder nach 90 Sekunden damit abschließt. Bisher brauchst du vielleicht lange, um damit abzuschließen. Doch wie wäre es, einmal zu hinterfragen, ob das Thema es wirklich wert ist, sich darüber aufzuregen und sich auch noch künstlich hochzuschaukeln. Wird

dieses Thema auch in einem Jahr noch großen Einfluss auf dein Leben haben? Ist dieses Thema es wert, dass du Energie dafür aufbringst? Wenn deine Antwort „Ja“ lautet, gib dir genau 90 Sekunden Zeit, in denen du fluchen, schreien, weinen und meckern darfst. Du kannst alles rauslassen. Am besten wählst du dafür einen einsamen Ort, damit du die 90 Sekunden wirklich nutzen kannst. Und danach ist dieses Thema für dich erledigt und du kannst dich einer Lösung widmen. Oft stecken wir viel zu lange im Problem fest, weil wir nicht einfach ein einziges Mal ehrlich all unseren Emotionen freien Lauf lassen.

Möglicherweise bist du nicht nur wütend, sondern wurdest sogar einmal so sehr enttäuscht, dass du dein Herz aktuell gar nicht mehr öffnest. Das machst du vielleicht noch nicht immer so, aber schon lange genug, um es zur Gewohnheit werden zu lassen. Du zeigst dich den Menschen so wie du denkst, dass sie dich haben wollen statt so zu sein, wie du dich selbst sehen möchtest und wie du wirklich bist.

Weißt du eigentlich, warum Gewohnheiten für uns Menschen so wichtig sind? Wir suchen uns ihren Stellenwert nicht selbst aus. Versuch einmal, eine wiederkehrende Tätigkeit nicht zu einer Gewohnheit werden zu lassen und du wirst merken, dass wir keinen Einfluss darauf haben. Im Allgemeinen sind Gewohnheiten dazu da, um unser Leben zu erleichtern. Stell dir vor, du müsstest jeden Morgen entscheiden, ob du dir nun deine Zähne putzen und duschen möchtest oder nicht. Gewohnheiten sind ein Werkzeug der Natur, um uns Energie zu sparen, damit wir diese an anderen Stellen einsetzen können. Wir sparen Energie, weil wir bestimmte

Entscheidungen nicht jeden Tag aufs Neue fällen oder hinterfragen müssen. Deshalb ist es sinnlos, sich über eigene schlechte Gewohnheiten zu ärgern oder jemandem deshalb Vorwürfe zu machen. Es liegt an dir, diese Gewohnheit aufzubrechen, auch wenn du sie dir nicht selber ausgesucht hast. Die Natur macht keinen Unterschied zwischen Gewohnheiten, die uns gut tun und Gewohnheiten, die uns schaden. Sie werden ganz einfach gespeichert, weil wir sie oft genug wiederholt haben.

Dieses Kapitel soll kein Entmutigungskapitel sein, auch wenn es erst einmal vor allem die Probleme aufwirft, um deren Lösung es im folgenden Kapitel gehen wird. Denn der erste Schritt, um dich dieser Problemlösung wirklich widmen zu können, ist, dass du dir dessen bewusst wirst, was du schon immer so machst. Wie du weißt sind wir Menschen sehr unterschiedlich und ich bin mir sicher, dass deine Liste der Dinge, die du schon immer so machst, obwohl sie dir schaden, anders aussieht als meine Liste. Deshalb möchte ich dich an dieser Stelle ermutigen, dir deine eigene Liste zu schreiben. Bevor du das nächste Kapitel liest und einige Anregungen bekommst, was du eventuell noch nicht zur Gewohnheit gemacht hast und was dein Leben grundlegend verändern könnte, ist es erst einmal wichtig herauszufinden, an welchem Punkt DU gerade stehst. Wie willst du denn sonst das Navigationssystem deines Lebens auf deinen Zielpunkt einstellen, wenn du nicht einmal weißt, von wo aus du losfährst?
Das Bewusstwerden dessen, an welchem Punkt du stehst und was du bisher immer so machst, ist unverzichtbar für den nächsten

Schritt. Wenn du diesen Schritt überspringst, wird dir das Folgende nichts bringen, weil du es zunächst vorbereiten musst. Steck dir zuerst einmal nur diesen Schlüssel in deine Tasche und bring die Geduld auf, auch diesen scheinbar kleinen Schritt auf deinem Weg zu würdigen. Denn es ist kein kleiner Schritt. Es ist deine Vorbereitung, um zukünftig optimistischer aufstehen zu können. Wie du in den Tag startest, bestimmt über dein Optimismus-Level für den ganzen Tag! Mit welchen Gedanken du anderen Menschen begegnest wird dadurch bestimmt, wie du mit dir selbst sprichst, wenn niemand dabei ist. Deshalb nimm dir die Zeit JETZT und verschieb es nicht. Dir dessen bewusst zu werden, wo du stehst und was dich zu der Person gemacht hat, die du heute bist, erfordert Kraft und Mut. Denn du könntest feststellen, dass dein Auto ziemlich weit von deinem Ziel entfernt ist, einen platten Reifen und einen leeren Tank hat. Aber ist es nicht besser, sich all dieser Tatsachen bewusst zu werden, damit es dann weitergehen kann? Du wirst nicht ankommen, wenn du dich weigerst einzusehen, dass dein Reifen platt ist und du ohne Sprit nicht fahren kannst.

Deshalb übergebe ich dir am Ende dieses Kapitels deinen siebten Schlüssel mit der Inschrift „Du machst das schon immer so", um dich an deine alten Gewohnheiten zu erinnern. Du kannst dich selbst auf all das aufmerksam machen, was du dir über die Jahre angewöhnt hast und es daraufhin überprüfen, ob es dir hilft, deinem Ziel im Leben näher zu kommen. Wann immer du merkst, dass eine Gewohnheit dir schadet, klopf dir erst einmal auf die

Schulter, dass du ehrlich zu dir selbst bist und dir diese schlechte Gewohnheit eingestehst. Denn dies ist der erste Schritt zu neuen, optimistischen, lebensbejahenden und kraftvollen Gewohnheiten.

Achter Schlüssel: Aber das hier machst du nie

Mit der Morgenroutine aus dem vorigen Kapitel hast du schon jetzt einen handfesten Bestandteil deiner neuen Gewohnheiten an der Hand, die dir enorm weiterhelfen werden. Neben der Morgenroutine habe ich in mein von Optimismus geprägtes Leben auch eine Abendroutine integriert. Diese nimmt jeden Abend höchstens zehn Minuten in Anspruch. Hierbei schreibe ich mir einige Notizen zu folgenden Punkten auf: meine drei größten Siege des heutigen Tages, meine drei wichtigsten Erkenntnisse und drei Dinge, für dich ich am heutigen Tag dankbar bin. Besonders der Aspekt der Dankbarkeit ist sehr wichtig in Hinblick auf einen guten Schlaf und den bewussten Abschluss jedes Tages. Denn der heutige Tag wird so wie er heute war mit all seinen Möglichkeiten und Erkenntnissen für unser Leben nie mehr wieder kommen. Deshalb finde ich es hilfreich, ihn in wenigen Minuten Revue passieren zu lassen und bewusst etwas aus dem Tag mitzunehmen. Kurz vor dem Schlafengehen beschäftige ich mich nicht mehr mit meinem Laptop, Smartphone oder anderen digitalen Geräten. Ich konzentriere mich auf meinen Atem und darauf, ruhig und mit dem Gefühl von Dankbarkeit einzuschlafen.

Neben den vorgeschlagenen Routinen gibt es viele weitere mit teilweise auch anspruchsvolleren Routine-Elementen, die du ebenso nach und nach in deinen Alltag einbauen kannst. Überfordere dich zu Anfang nicht, da es hierbei vor allem um Kontinuität geht und darum, diese positiven Gewohnheiten dauerhaft in dein Leben zu integrieren. Es bringt nichts, wenn du statt der Viertelstunde Lesezeit jeden Tag zwei Stunden liest, dieses Pensum aber nur für zwei Wochen durchhalten kannst. Gewohnheiten werden Schritt für Schritt aufgebaut und brauchen auch Platz in deinem Leben. Für alles Neue, das du einbaust, wird etwas Altes wie beispielsweise eine schlechte Angewohnheit weichen müssen. Weil sich diese jedoch über einen langen Zeitraum festsetzen konnte, braucht es etwas Geduld deinerseits und vor allem Kontinuität, um neue Gewohnheiten aufbauen zu können. Obwohl wir es uns am Anfang kaum vorstellen können, werden auch diese irgendwann automatisch ablaufen, ohne dass du dich darauf konzentrieren oder viel Kraft investieren musst. Doch anfangs brauchen wir zum Aufbau neuer Gewohnheiten eine bestimmte Menge an Energie.

Apropos Energie: ich brauchte vor zwei Jahren, im Oktober 2014, eine wahnsinnig große Menge an Energie, um endlich einige sehr wichtige Gewohnheiten in mein Leben zu integrieren – bewusste, cleane Ernährung und Sport. Der einzige Sport, den ich in den vier Jahren zuvor regelmäßig gemacht habe, war Joggen. Doch auch hier blieb die Regelmäßigkeit sehr häufig auf der Strecke, weil mir Joggen nicht besonders viel Spaß gemacht hat. Ich war unzufrieden mit meinem Körper und habe regelmäßiges Laufen als die einzige Möglichkeit angesehen, um dieser Unzufriedenheit entgegenzuwirken. Lass dir an dieser Stelle erneut den Hinweis geben: Es gibt für Optimisten immer, wirklich immer mehr als eine Möglichkeit, um ein Problem anzugehen und zu lösen. Wie bereits

zu Beginn dieses Buches erwähnt sind Optimisten echte Optionisten.
Oft fokussieren wir Menschen uns auf die eine Möglichkeit, die uns zuerst einfällt, und planen uns jahrelang durch einen Prozess zu quälen, der weder zu uns passt noch uns wirklich unserem Ziel näher bringt. Doch wir sind viel zu beschäftigt, um uns dessen bewusst werden zu können. In diese Falle tappen wir Optimisten wesentlich seltener, weil wir uns im Prozess beobachten und zeitnah feststellen können, wenn uns etwas nicht gut tut oder uns unserem Ziel nicht näher bringt. Neben all dem mentalen Werkzeug, das du zukünftiger Optimist in diesem Buch anhand von Schlüsseln überreicht bekommst, ist es genau so wichtig deinen Körper einzubeziehen. Wenn du das stärkste Mindset hast und psychisch nahezu unverwüstlich bist, kann es dir dennoch zum Verhängnis werden, wenn du dich nicht genug um deinen Körper kümmerst und diesen nicht so fit hältst wie deinen Geist. Dein Geist könnte vielleicht noch mehr leisten, wird dies aber in der Realität nicht zeigen können, weil du deinen Körper nicht gepflegt hast. Seit mittlerweile zwei Jahren liebe ich Kraftsport und bin regelmäßig im Fitnessstudio anzutreffen. Ich freue mich über diesen Ausgleich, der meinen Körper und somit auch meinen Geist stärkt. Seitdem ich mich endlich besser um meinen Körper kümmere und viel über Training und Ernährung gelernt habe, bin ich wesentlich selbstbewusster geworden. Und das kannst du auch! Du kannst zum Helden deines eigenen Lebens werden, indem du dich erst einmal gut um deinen Körper kümmerst. All die Helden in den Sagen sind nicht deshalb zu Helden geworden,

weil sie ihren Körper gehasst haben und dem so schnell wie möglich entfliehen wollten. Zwar kann es anfangs, wie bei mir auch, ein guter Antrieb sein, aus Unzufriedenheit heraus mit regelmäßigem Sport und einer Ernährung mit möglichst unverarbeiteten Lebensmitteln zu beginnen. Doch langfristig können du und dein Körper nur dann gut zusammenarbeiten, wenn ihr wohlwollend zueinander seid und du ihm Gutes tust und regelmäßig zum Training gehst, weil du ihn liebst. Das ist mittlerweile mein Grund: Ich mag meinen Körper sehr und möchte gemeinsam mit ihm meine Ziele erreichen. Ich bin sehr dankbar für ihn und dafür, dass er meinen Kopf mit all meinen Ideen und Träumen überall dorthin trägt, wo ich diese Ideen umsetzen kann. Ich liebe meinen Körper dafür, dass er mir deutlich zeigt wie es mir geht und ich das endlich auch verstehe, weil ich auf die Zeichen achte.

Im Leben eines Optimisten ist es entscheidend, dass er sich liebt und annimmt. Bestimmt hörst du davon nicht zum ersten Mal und auch ich habe diesen Punkt früher stark unterschätzt. Du wirst zu der Person, in die du dich hineinredest, weil du dich entsprechend verhältst, um deine Meinung zu bewahrheiten. Du wirst zu dem Menschen mit weniger Ausstrahlung und mehr Traurigkeit, wenn du nicht liebevoll mit dir umgehst und deine Stärken nicht fokussierst. Statt deine Schwächen ständig beseitigen zu wollen und dich zu einem absoluten Durchschnittsmenschen zu formen, erfüllst du als Optimist deine wahre Bestimmung. Du hast Stärken und Schwächen, fokussierst dich aber auf deine Stärken. Deine

Schwächen sind trotzdem nicht überflüssig, denn häufig weisen uns unsere Schwächen lediglich auf eine zu stark ausgeprägte Stärke hin. Ungeduld wird häufig als Schwäche ausgelegt, ist aber lediglich eine überausgeprägte Zielstrebigkeit. Sobald wir diese so genannte Schwäche etwas abmildern können, wird daraus direkt eine enorme Stärke.

Mit offenem Herzen durch die Welt zu tanzen gehört sicher bei vielen von uns zur Kategorie „Aber das hier machst du nie". Viel zu groß scheint die Wahrscheinlichkeit, verletzt werden zu können und viel zu groß ist unsere Angst, mit dieser Verletzung nicht umgehen zu können. Du weißt schon, dass du es selbst in der Hand hast, welche Menschen du in dein Leben ziehst. Doch wie funktioniert das konkret? Bei Optimisten funktioniert es, indem sie auf ihre Wortwahl achten und auf das, was sie zu Menschen sagen. Optimisten sehen vor allem die guten Seiten eines Menschen, weil sie im Leben an allem zuerst die guten Seiten fokussieren. Indem du die guten Seiten deines Gegenübers fokussierst, stärkst du diese und gibst ihm ein gutes Gefühl über sich selbst. Indem du ihn wie denjenigen siehst, der er mit all seinem Potenzial sein kann, erweckst du in ihm den Wunsch dich nicht zu enttäuschen. Er wird dieses Bild von sich selbst wahr machen wollen und wird deshalb nun noch mehr Energie investieren als zuvor. Selbstverständlich machst du deinem Gegenüber nur ernst gemeinte Komplimente, die du wirklich authentisch rüber bringen kannst. Weil du selbst als Optimist sehr viel Gutes gibst, vor allem gute Worte und Komplimente für jeden hast, wirst du auch Menschen anziehen, die positiv sind. Denn stell dir einmal vor, wie du einem negativen Menschen, der erst kürzlich in dein Leben getreten ist, den ganzen Tag von den positiven Seiten des Lebens und all seinen Stärken vorschwärmst. Der arme Mensch wird total überfordert, vermutlich sogar genervt von dir sein und schnell das Weite suchen. Du wirst also nicht mit jedem Menschen zusammenpassen. Aber ich denke das ist in Ordnung. Immerhin hast du es dir zur Aufgabe gemacht, dich mit Menschen zu umgeben, die dich inspirieren und deine gute Laune nur noch besser machen. Pessimisten sind davon genervt und das absolut zurecht. Denn dein Leben, Reden und Handeln widerspricht ihren Vorstellungen von der Welt -ebenso wie ihr Leben deinen Vorstellungen widerspricht. Das ist kein Grund, um wütend, enttäuscht oder verwirrt zu sein. Es ist ganz einfach eine Tatsache und mit einem optimistischen Mindset bist du damit einverstanden, dass neben dir auch andere Menschen leben, die ein komplett anderes Lebenskonzept verfolgen als du selbst. Weder versuchst du sie zu belehren noch bist du in deinem Herzen böse oder nachtragend. Weil wir aber zum Glück keine Maschinen sind, wird das nicht immer wie geplant funktionieren. Wann immer du spürst, dass du dich über etwas aufregst, nimm dir wirklich Zeit dafür. Am besten sorgst du wie im vorigen Kapitel beschrieben dafür, dass du ungestört an einem Ort bist, an dem dir möglichst wenige Menschen begegnen, wie beispielsweise in einem ruhigen Waldstück. Dort gibst du dir dann 90 Sekunden Zeit, um alle Wut, allen Ärger und alle Schimpfworte, die dir einfallen, rauszulassen. Du machst deinem Ärger so richtig Luft statt ihn immer wieder ein bisschen runterzuschlucken. Aber dann ist es auch gut, weil du dann alles hast rauslassen können.

In diesen schwierigen Situationen, die mich aufwühlen, hilft es mir auch sehr oft mich zu fragen, was meine Leitbilder in derselben Situation tun würden. Um dauerhaft ein echter Optimist sein zu können, brauchst du Leitbilder, von denen du dir abschauen kannst, wie dieser Optimismus funktioniert und wie man ihn auch in schwierigen Situationen bewahren kann. Deshalb such dir noch heute mindestens drei, besser aber direkt fünf Personen, die deine persönlichen Leitbilder sein sollen. Diese Leitbilder müssen nichts davon wissen und sie können selbstverständlich sowohl Prominente als auch Wissenschaftler als auch deine Oma sein. Das ist unerheblich. Hauptsache diese Personen legen Eigenschaften oder Leistungen an den Tag, für die du sie bewunderst. Wann immer eine Welle unkontrollierter Emotionen über dich hinein zu brechen droht, die du mittlerweile seltener ertragen musst, weil du deine Gedanken bewusster steuerst, frag dich: Was würde dein Leitbild in dieser Situation tun? Wie würde er oder sie an meiner Stelle reagieren?

Denn weißt du was? Du wirst nicht über Nacht zu deinem Leitbild. Doch du wirst mehr und mehr zu der Person, die du sein willst, indem du dich ihr annäherst. Wenn du also beispielsweise Fitnesstrainer werden möchtest, dann überleg dir, wie Fitnesstrainer sich kleiden, wie sich sprechen, wie sie sich bewegen, was sie sagen und mit wem sie sich umgeben. Such dir Leitbilder und beginne schon jetzt, dir Verhalten, Äußeres und Gesagtes von ihnen abzuschauen – eben um von den Besten deiner Branche zu lernen. Erinner dich an „Fake it until you make it“ aus dem Kapitel „Du bist was du sagst“. Du sollst keine Kopie von ihnen werden, denn wir brauchen kein zweites Exemplar von deinem Leitbild. Du bist für deinen persönlichen Lebensweg bestimmt. Aber wenn dein Lebensweg den Beruf des Fitnesstrainers beinhaltet, ist es essenziell, dass du dich selber zuerst als die Person siehst, die du sein möchtest. Erst später werden auch alle anderen deiner Meinung sein und dich als genau die Person sehen, die du schon lange siehst und die du kreierst hast. Glaub zuerst an dich selber statt zu verlangen, dass andere an dich glauben. Dann kannst du wirklich Berge versetzen.

Die Kritik und Meinung anderer kann oft hilfreich sein und dich auf Missstände aufmerksam machen, die dir selbst gar nicht aufgefallen sind. Doch Vorsicht: Mach dir bewusst, wie viel Gewicht du den Meinungen anderer geben möchtest. Du hast das selbst in der Hand und sehr oft ist es wichtig, dass du die Kritik bei genau den Menschen lässt, die gerade ihre negative Energie bei dir abladen wollen. Es wird uns oft zum Verhängnis, dass wir die geschriebenen Kommentare anderer Menschen leise mit unserer eigenen Stimme lesen und somit dafür sorgen, dass wir diesen Gedanken genau so viel Gewicht geben wie unseren eigenen Gedanken. Wir simulieren, dass die andere, teilweise im Internet sogar anonyme, Person denselben Wissensstand hat und es genau so gut mit uns meint wie wir selbst. Das ist längst nicht immer der Fall und es ist fatal, wenn du dir jede Kritik zu Herzen nimmst. Auf manche Anmerkungen und Meinungen zu dem, was du machst, darfst du auch einfach überhaupt keinen Wert legen. Wir leben in einer Gesellschaft, in der jeder meint, zu allem andauernd seine Meinung abgeben zu dürfen. Doch es liegt bei dir, ob du dir diese Meinung anhörst und ob du ihr Gewicht beimisst. Du kannst sie auch ganz einfach liegen lassen und wie bei einer großen Pfütze auf der Straße an ihr vorbei gehen ohne sie auch nur eines Blickes zu würdigen.

Statt der Meinung anderer einen zu hohen Stellenwert zu geben, könntest du dich ebenso auf dich fokussieren. Fühlst du dich gerade klein und unbedeutend? Zeigt dir das auch dein Körper, weil du mit gesenkten Schultern und krummem Rücken vor diesem Buch sitzt? Lass mich dir sagen: Du bist so viel mehr als du jetzt gerade sehen kannst. Alles, was du wirklich brauchst, ist schon in dir und aus den jetzigen einzelnen Bildern wird mit der Zeit ein großes Ganzes entstehen, sodass auch die Menschen um dich herum sehen können, was für eine große Persönlichkeit du bist. Nur weil es jetzt niemand außer dir sehen kann lässt du die Schultern hängen? Was du deinem Körper signalisierst, das wird Realität. Deshalb beherzige den Tipp dieses Kapitels, bei dem es um regelmäßiges Training geht. Durch eine gestärkte Muskulatur wird es dir wesentlich leichter fallen, aufrecht zu sitzen. Wie bereits in einigen Studien nachgewiesen werden konnte, kann man Depressionen an der Körperhaltung eines Menschen erkennen und ebenso verschlimmern sich Depressionen, wenn wir weiterhin diese gebückte und niedergeschlagene Körperhaltung einnehmen. Deshalb beginn doch ganz einfach damit, bewusst auf deine Körperhaltung zu achten. So wie du sitzt und stehst, wirst du dich fühlen. Dein Körper und dein Geist beeinflussen sich die ganze Zeit gegenseitig und befinden sich in ständiger Wechselwirkung miteinander. Wenn du also alles aus dir herausholen willst und schon jetzt die Person in dir sehen willst, die du später ganz offensichtlich sein wirst, dann arbeite schon jetzt an deiner Haltung. Nachdem du in diesem Kapitel bereits einige Anregungen sammeln konntest, wünsche ich mir, dass dir vor allem eines bewusst wird: Mit der Lebenseinstellung eines Optimisten wirst du noch so viele weitere kleine Tricks und Kniffe selber für dich herausfinden können, die dir dein Leben erleichtern. Denn wann immer ein Problem auftritt, weißt du als zukünftiger Optimist, dass du nicht einfach naiv daran glaubst, dass schon irgendwie alles wieder gut wird. Nein! Du bist ein Optionist, du hast immer mehrere Möglichkeiten zu reagieren und wenn du nicht mehrere Möglichkeiten hast, dann erschaffst du sie dir. Kennst du den Spruch „Später werden wir darüber lachen"? Das soll meistens genau dann eine Ermutigung sein, wenn es uns wirklich schlecht geht und uns jemand bewusst machen möchte, dass uns dieses Problem in wenigen Jahren irrelevant und klein vorkommen wird. Mein Vorschlag für uns ist: Lass uns doch einfach direkt darüber lachen!

Optimisten laufen den größten Teil ihres Tages mit einem gelassenen Gesichtsausdruck oder aber mit einem breiten Grinsen bis hin zu einem herzhaften Lachen durch die Welt. Das passiert nicht ohne Grund! Lachen bedeutet Heilung, Dinge loszulassen, sich selbst und das Leben nicht zu ernst zu nehmen. Herzlich und viel zu lachen ist einer der wichtigsten Bestandteile deines optimistischen Lebens. Häufig müssen wir darüber lachen, dass Tiere etwas Witziges machen. Ich mache das selbst total gerne. Wann immer du die Chance hast, Zeit mit Tieren und Zeit in der Natur zu verbringen, lass dich anstecken! Lass dich begeistern von all der Magie um dich herum und lach einfach mit! Dein Leben wird so viel schöner, wenn du Lachen zu einer ständigen Gewohnheit machst – so wie Kinder es machen.

Mit einem Lächeln auf den Lippen fällt es uns auch oft leichter als erwartet, Geduld für all das aufzubringen, was in unserem Leben Geduld von uns verlangt. Wir wollen unserer Bestimmung folgen - und zwar sofort. Wir wollen den neuen Job, den neuen Partner, das neue Auto, die neue Wohnung, das neue Mindset – und zwar alles sofort. Doch in meinem Leben gibt es diesen Sofort-Knopf nicht und ich befürchte in deinem Leben auch nicht. Wenn wir also nicht ständig Einfluss darauf haben, alles sofort geschehen zu lassen, dann zeigen wir uns doch einfach etwas geduldiger. Nicht ohne Grund hören wir schon seit Generationen „gut Ding will Weile haben“. Manche dieser Weisheiten, und seien sie noch so alt, werden sich noch über viele Generationen hinweg weitertragen lassen, weil sie sich immer wieder bewahrheitet haben und auch in Zukunft weiterhin bewahrheiten werden.

Beginne mit dem Projekt, das du dein Leben nennst. Beginne Schritt für Schritt, einzelne neue Gewohnheiten aufzubauen und diese Ideen als Anregungen zu nehmen. Du kannst und wirst diese

Ideen durch deine eigenen Erfahrungen immer weiter ausbauen. Hiermit überreiche ich dir deinen achten Schlüssel und damit einen Neuanfang voller Spaß, Begeisterung und Zufriedenheit.

Neunter Schlüssel: Nicht lang schnacken, machen

Dieser Schlüssel bedarf keiner großen Erklärung. Ich wünsche mir für dich und auch für mich, dass wir nicht nur über unsere großen Träume reden, sie nicht nur uns und unseren Mitmenschen in den buntesten Farben ausmalen, sondern dass wir sie leben. Ich wünsche uns, dass wir den Mut haben, unserem Herzen zu folgen und unseren eigenen Lebensweg zu gehen. Denn ich kenne zwei Typen von Menschen: diejenigen, die für immer an ihren Träumen festhalten, weil diese sie am Leben halten, und diejenigen, die am Leben sind, weil sie ihre Träume leben. Merkst du den Unterschied? Kennst du diese Menschen, die ihr Leben lang einen Traum verfolgen? Aber nicht wirklich, in der Realität, sondern in ihren Gedanken. Schon immer wollen diese Menschen nach Australien reisen und irgendwann werden sie das auch tun. Sagen sie jedenfalls. Dann, wenn sie Rentner sind, wird es spätestens so weit sein. Na klar, wer kennt sie nicht: Die Rentner, die in Australien surfen gehen und faszinierende Berge besteigen, die im Red Centre im Freien schlafen und jeden Tag etwas Ausgefallenes erleben. Sicherlich gibt es auch solche Rentner! Aber zu so einem Rentner wirst du nicht, wenn du die Abende deiner Jugend gelangweilt auf der Couch verbringst, weil dein Körper im Rentenalter nicht mehr beginnen kann zu lernen was es bedeutet, körperlich belastbar zu sein. Damit du auch als Rentner noch in Australien mit Leichtigkeit jede Welle nehmen kannst, musst du deinen Körper und deinen Geist jetzt vorbereiten.

Viele Menschen tun so, als würden sie ewig leben. Sie verschieben all ihre Träume und Lebensziele auf später. Beinahe wäre es mir mit diesem Buch ebenso ergangen. Denn ich hatte die Veröffentlichung meines ersten eigenen Buches auf mein 45. Lebensjahr verlegt und somit wären noch 20 Jahre ins Land gezogen, in denen ich mich für nicht kompetent genug gehalten und meine Leidenschaft vertagt hätte. Du hast es selbst in der Hand dir auszusuchen, was für ein Mensch du sein möchtest! Redest du davon, wie dein großer Traum dich am Leben erhält und möchtest ihn dir insgeheim gar nicht wirklich verwirklichen? Mir ist aufgefallen, dass manche Menschen gar nicht ernsthaft für ihre Ziele arbeiten, weil sie Angst haben, dass sie danach keinen Sinn mehr für ihr Leben sehen. Sie denken, dass wenn dieses eine Ziel erst einmal erreicht ist, nichts anderes sie noch einmal so sehr begeistern könnte. Aus meiner persönlichen Erfahrung kann ich dir sagen, dass diese Gedanken absolut unbegründet sind. Wann immer ich in meinem Leben ein Ziel erreicht habe, hatte sich mein Kopf schon etwas Neues gesucht, das er ausprobieren, revolutionieren, sehen, erleben, erreichen und umsetzen wollte. Noch nie habe ich bei der Erreichung eines Ziels das Gefühl gehabt, mein Leben würde mich nun langweilen. Denn durch das Erreichen wirklich schwieriger Ziele habe ich Selbstbewusstsein aufgebaut. Aus dem vorigen Kapitel weißt du schon, wie du Selbstbewusstsein am besten aufbauen kannst. Je größer es wird, umso eher traust du dich, dir wieder ein hohes Ziel zu setzen, das du heute nicht erreichen kannst. Du traust dich, dir ein Ziel zu setzen, für das du wachsen und dich verändern musst.

Wenn du dir deine Träume nicht nur ausmalst, sondern durch die kontinuierliche Arbeit an deren Umsetzung wirklich am Leben bist, dann wirst du nichts bereuen. Du entfaltest dein volles Potenzial und gehst dem nach, was dich glücklich macht. Du redest nicht nur davon, sondern hast dir eine Phase der Bewusstwerdung eingeräumt, um dich selbst erst einmal auf deinem Navigationsgerät wiederzufinden. Du weißt, wo du stehst und kannst eintippen, wo du hin möchtest. Nicht immer wissen wir, wo wir langfristig hin wollen. Doch das ist nicht schlimm. Stell dir vor, dass du ein Ziel in dein Navigationsgerät eingibst, das du jetzt gerade für dein Lebensziel hältst. Während deiner Fahrt kommst du jedoch an Orten vorbei, die dich noch viel mehr inspirieren, begeistern und glücklich machen als der Ort, zu dem du ursprünglich fahren wolltest. Es ist überhaupt nicht schlimm, von deinem Weg abzuweichen. Damit möchte ich dich nicht dazu ermutigen, nichts durchzuziehen. Ganz im Gegenteil: um herauszufinden, wie gut dir ein Ort wirklich gefällt, brauchst du Zeit und solltest dir alle Ecken ganz in Ruhe anschauen und ihnen eine Chance geben.

Doch statt weiterhin davon auszugehen, dass das Erreichen deines Ziels dich glücklich machen wird, möchte ich dir gern folgenden, möglicherweise für dich neuen Gedanken vorschlagen: Stell dir einmal vor, dass es im Leben gar nicht wirklich darum geht, ein bestimmtes Ziel zu erreichen. Stell dir vor, dass es vielmehr um dein Gefühl geht. Wir Menschen erinnern uns an das wohlig warme Gefühl, wenn unser erstes Kind zur Welt kommt, wenn wir die Liebe unseres Lebens heiraten oder wir von unseren Freunden ein schönes Kompliment bekommen. Wir erinnern uns an den Stolz, wenn wir eine wichtige Prüfung geschafft haben oder unser Prüfer uns nach der Führerscheinprüfung anerkennend zunickt. Wir erinnern uns ebenso an den Schmerz, wenn wir verlassen worden sind oder eine geliebte Person stirbt. Unser Leben besteht aus vielen kleinen Sequenzen, in denen wir danach streben, glücklich zu sein. Statt dein Leben erst einmal perfekt einzurichten mit Mann, Haus und Kind, damit du dann glücklich sein kannst, sammele doch schon jetzt berührende, glückliche Momente in deinem Leben. Denn genau diese Gefühle sind das, was bleibt. Erschaffe dir schon jetzt selbst die Momente in deinem Leben, die dich glücklich machen und von denen du gerne erzählst. Sammele nicht nur im Sommer warme Tage und warme Gedanken, sondern gib wirklich jedem Tag die Chance, dich mit einem Gefühl für die Ewigkeit zu überraschen.

Wie du diese Momente selbst kreieren kannst? Indem du machst. Indem du nicht schnackst (also nur vor dich hin redest), sondern indem du dich traust etwas auszuprobieren. Sobald du dir selbst die Freiheit gibst, nicht perfekt sein zu müssen, öffnen sich endlich all die Türen, die dir so lange verschlossen blieben. Etwas perfekt vorbereiten zu wollen, wie in meinem Fall die Veröffentlichung dieses Buches, kostet uns oft so viel mehr Zeit als wir eigentlich dafür aufwenden müssten. Etwas perfekt machen zu wollen ist zudem nicht nur ein großer Zeitfresser, sondern oft auch frustrierend. Trotz mehrmaligen Korrekturlesens treten auch in den Meisterwerken großer Autoren noch ein paar wenige

Rechtschreibfehler auf, die einfach niemandem aufgefallen sind. Perfektion existiert in der Realität nicht und trotzdem halten wir uns damit auf, sie anzustreben. Wir spielen uns selbst vor, dass so etwas wie Perfektion existieren würde und wir Lob und Anerkennung nur dann wert wären, wenn wir diese Perfektion erreichten. Dieser Illusion hinterherzulaufen beraubt uns kostbarer Lebenszeit, von der wir ja bekanntlich nicht wissen, wie viel wir noch haben. Statt also auf deinen perfekten Start und den perfekten Moment zu warten, fang einfach an.

Viele von uns wissen und sagen immer wieder, dass es nicht den perfekten Zeitpunkt gibt, um sich beispielsweise von seinem Partner zu trennen oder wirklich einmal die ganze Wahrheit auf den Tisch zu legen. Trotzdem warten wir auf diesen Moment, der nie kommen wird. Ist das nicht paradox? Wir lassen diese Macht des Perfektionismus über unser Leben bestimmen, weil wir glauben, dass es Perfektion doch irgendwann gibt, wenn wir nur lange genug darauf warten und es uns lange genug vorstellen. Wirklich erfolgreiche Menschen haben nicht nur geredet und währenddessen auf den für sie guten Zeitpunkt gewartet. Sie haben ihr Schicksal selbst in die Hand genommen und sich den Start erschaffen, den sie sich für sich selbst gewünscht haben. Keiner von uns hat einen Einfluss darauf, in welche Verhältnisse er hinein geboren wird und ob man dadurch einen schweren oder leichten Start bezogen auf das eigene Ziel hat. Aber du kannst selbst wählen, wie du mit dem umgehen möchtest, was du sowieso nicht ändern kannst, weil dir das nunmal vom Leben gegeben wurde. Du kannst dich entweder darauf fokussieren und dich beschweren, dass andere leichter und schneller an dein Ziel kommen können, oder du fokussierst dich auf das, was du ändern kannst. Du kannst deinen Fokus selbst wählen und welch großen Einfluss dein Fokus auf dein Leben hat, weißt du bereits.

Nur du entscheidest, was aus deinem Leben wird. Nur du entscheidest, ob du ein Macher oder ein Schnacker bist. Nicht der Start deines Lebens, nicht deine Eltern und nicht dein Umfeld entscheiden, wer du bist. Wenn du die Verantwortung für dein Leben annimmst und sie gerne übernimmst, kannst du auch selbst darüber bestimmen, wie dein Leben aussehen wird. Hältst du dich nur an Träumen fest, um am Leben zu bleiben? Oder lebst du deine Träume, setzt sie um und suchst dir neue Träume?
Sammelst du glückliche Momente und Gefühle oder verschiebst du dein Glück auf diesen fernen Punkt in der Zukunft? Bist du ein Schnacker oder ein Macher?

Zehnter Schlüssel: Vertrauenssache

Dieses letzte Kapitel enthält eine grundlegende Zutat für ein optimistisches, ausgeglichenes und glückliches Leben. Erst einmal wollte ich dich aber anhand praktischer Tipps für deinen Alltag darauf vorbereiten, dich diesem Kapitel öffnen zu können. Es ist eine der wichtigsten Grundlagen, die wir jedoch oft erst im Umsetzen verstehen und fühlen können.

Vertraue darauf, dass es so kommt wie es gut für dich ist.

Dieser Satz ist der Schlüssel, den du mit diesem letzten Kapitel überreicht bekommst. Während alle anderen Schlüssel dieselbe graue Farbe haben, ist das hier ein goldener Schlüssel. Er ist der eine Schlüssel, ohne den du die Tür zu deinem optimistischeren, freieren Leben niemals öffnen kannst.

Doch so einfach der Wortlaut dieses Satzes ist, so schwierig ist er für viele Menschen zu verstehen und umzusetzen. Zu viele Dinge sind bereits in ihrem Leben passiert, als dass sie sich darauf einlassen könnten, dem Leben zu vertrauen. Das gilt vielleicht auch für dein Leben. Doch erinnerst du dich noch, worauf dein Fokus früher häufig lag? Hast du ihn auf Dankbarkeit, all das Gute in deinem Leben und täglich neue Erkenntnisse gelegt, mithilfe derer du dich weiterentwickeln kannst? Oder hast du vielleicht irgendwann auch Negatives fokussiert? Bitte sei ehrlich, denn auch wenn dieses das letzte Kapitel ist, gilt unsere Abmachung

absoluter Ehrlichkeit noch. Wenn du bereits wirklich darauf vertraust, dass dein Leben, das Universum und alle Bestandteile es gut mit dir meinen, dann werden die nächsten Zeilen dir vertraut vorkommen. Wenn du nicht darauf vertrauen kannst, werden sie dir etwas schwerer vorkommen, weil du dir doch so sehr wünschst, freier sein zu können und nun weißt, dass dies ein wichtiger Schlüssel ist. Sei beruhigt: Durch die vorigen Kapitel und deren praktische Umsetzung in deinem Leben wird sich bei dir so viel verändern, dass auch diese Vornahme leichter werden wird. Vielleicht ist sie dann immer noch nicht leicht. Aber das muss sie ja auch nicht. Denn nichts, wofür es sich im Leben wirklich zu kämpfen lohnt, bekommen wir umsonst.
Das Universum stellt uns vielmehr vor genau die Herausforderung, die uns in diesem Moment den größten Schritt nach vorne machen lässt. So lernen wir neue Fähigkeiten und uns selbst immer besser kennen. Dadurch können wir besser Einfluss darauf nehmen, ein glückliches Leben zu führen. Oft fühlen sich die Karten, die das Leben uns zuteilt, ungerecht verteilt an. Die anderen haben beide Hände voller Asse, während wir vor uns auf den Karten nur Zahlen sehen und am liebsten schon vor Beginn des Spieles fluchend alles hinschmeißen wollen. Doch im Leben ist es wie im Sport: Wir wachsen erst außerhalb unserer Komfortzone! Wir wachsen dann, wenn das Gewicht zu schwer für uns wird, denn dann wird unser Muskel wirklich beansprucht. Manchmal mutet uns das Leben mehr Gewicht zu als wir gerade bereit sind zu tragen. Oftmals wollen wir gar keine Herausforderung und trotzdem steht sie schon vor uns, bevor wir

überhaupt Anstalten machen können uns zu wehren. Es gibt einen Satz, der mir persönlich sehr wichtig geworden ist: „Das Leben stellt uns eine Frage so oft bis wir sie beantwortet haben – und dann stellt es eine neue Frage."

Leben ist Bewegung und nur wer sich bewegt, bleibt wirklich am Leben. Die anderen existieren nur. Wer mit 25 Jahren keine Ziele mehr in seinem Leben hat, für nichts wirklich brennt und seine Abende gelangweilt vor dem Fernseher verbringt, der existiert nur. Manche Menschen sind damit zufrieden und das sind genau jene Menschen, die ich mit diesen Zeilen nicht ansprechen möchte. Das enthält keine Wertung, aber ich möchte viel lieber genau DICH ermutigen, weil du dein Leben wirklich nach deinen Vorstellungen leben und mehr aus deinem Leben rausholen willst. Weil du schauen willst, wo deine Grenzen sind, um sie dann nach und nach erweitern zu können, möchte ich dich mit meinen Worten fesseln. Du bist es dir selbst wert, diese Vertrauenssache zu lernen, obwohl du weißt, dass es nicht leicht sein wird. Dieser Schlüssel ist der Schatz deines Schlüsselbundes.

Sobald du darauf vertrauen kannst, dass das Leben dir alles zur richtigen Zeit bereitstellt, wenn du nur auf die Zeichen achtest, brauchst du dich nicht mehr so viel zu sorgen. Zwar liegt die Verantwortung für dein Leben in deiner eigenen Hand, doch dein Lebensweg wartet nur darauf, dass du ihn gehst. Ich habe gemerkt, dass sich plötzlich viele Türen und neue Chancen wie aus dem Nichts auftun, seit ich begonnen habe, meinem eigenen Lebensweg zu folgen. Seitdem ich meinem Herzen folge, das schon die ganze Zeit weiß, was gut für mich ist, ergeben sich überall Chancen und Möglichkeiten. Um diese Zeichen erkennen zu können, ist es von enormer Wichtigkeit, dass du lernst ruhig zu werden. Denn nur dann kannst du die Stimme deines Herzens hören – wenn du ihr wirklich zuhörst. Wenn du nicht permanent auf dein Herz einredest, kann es auch einmal zu Wort kommen. Wie bereits zuvor beschrieben kommt es im Kontakt mit deinem Herzen ebenso wie im Kontakt mit Menschen darauf an, viel häufiger mal den Mund zu halten und zuzuhören. Aus deinem eigenen Mund kommen nur Dinge, die du sowieso schon weißt. Also gib anderen und vor allem deinem Herzen, deiner Intuition, ein Mitspracherecht.

Ich bin der festen Überzeugung, dass wir Menschen alle auf eine gewisse Art und Weise miteinander verbunden sind. Weder bin ich sehr spirituell noch religiös auf die Art und Weise, wie du eventuell „religiös" verstehst. Ich glaube an Gott und das nicht nur oberflächlich. Ich fühle mich mit ihm und den Menschen um mich herum sehr verbunden und vertraue darauf, dass er immer dafür sorgen wird, dass das in mein Leben kommt, was mir am meisten weiterhilft. Dadurch möchte ich immer mehr zu der Person werden, die ich wirklich bin. Denn meine Zukunft liegt nicht vor mir, sondern in mir verborgen.
Falls du nicht an Gott glaubst, kannst du diesen Schlüssel ebenso gut für dich anwenden wie ich. Vielleicht vertraust du stattdessen auf das Universum oder andere Kräfte, die dafür sorgen, dass die Welt im Einklang ist und die dir Erklärungen dafür bieten, warum

wir uns mit manchen Menschen und Situationen verbundener fühlen als mit anderen.
Was wäre, wenn all das kein Zufall wäre? Ich glaube daran, dass all unser Potenzial, unsere Talente, unsere Begeisterung und Faszination für bestimmte Bereiche des Lebens kein Zufall sind. Ich glaube daran, dass jeder von uns eine Mission hat, die Welt mit seinen Potenzialen zu einem reicheren und schöneren Ort zu machen. Statt dich also zu beschweren, dass du nicht darauf vertrauen kannst, dass das Leben es gut mit dir meint, fass dir zuerst einmal an deine eigene Nase! Gibst du der Welt das zurück und verdoppelst es sogar noch, was du bekommen hast? Nutzt du deine Talente, baust sie aus und bereicherst dadurch das Leben aller um dich herum? Solange du diese Fragen nicht bejahen kannst, ist es für mich absolut verständlich, warum du nicht „einfach so" dem Leben vertrauen kannst. Du unterbrichst den Energiefluss, bei dem sehr viel zu dir zurückkommt, wenn du auch bereit bist, zu geben. Gott, das Universum und dein Leben konnten dich bisher noch nicht so reich beschenken wie sie es gerne wollen, weil du dafür noch keine gute Ausgangslage geschaffen hast. Wenn du dir erst einmal die Mühe machst, deinem eigenen Weg zu folgen, auf die Zeichen zu achten, dein Potenzial voll auszuschöpfen und wirklich du selbst zu sein, dann wird dein Leben dich überschütten mit Vertrauen in die guten Dinge.
Selbst wenn du mir das gerade noch nicht glauben kannst, möchte ich dich gern fragen: Was hast du zu verlieren? Wäre es nicht wenigstens diesen einen Versuch wert, dich zu öffnen und zu

geben, um herauszufinden, ob es funktioniert? Sollte es nicht funktionieren und sollten die neuen Gewohnheiten in deinem Leben wirklich nicht den kleinsten positiven Effekt haben -sei ehrlich-, dann wirf all das wieder über Bord und vergiss dieses Buch, das du gerade in den Händen hältst.

Doch bitte gib nicht auf bis du wirklich ALLES versucht hast, um dieses Vertrauen in Gott, ins Universum und in dein Leben aufzubauen. Der Schlüssel ist nicht umsonst der einzig goldene Schlüssel. Er wird dir einen Weg weisen, auf dem deine Augen vor Begeisterung heller leuchten als alle Sterne am Himmel zusammen. Trag ihn ganz nah bei dir mit der Gewissheit, dass alles im Leben seine Zeit und alles einen Sinn hat. Wenn etwas jetzt noch nicht funktioniert, dann sei nicht frustriert. Jetzt ist einfach noch nicht der richtige Zeitpunkt dafür und du musst vielleicht zuvor noch etwas lernen. Vertraue. Denn wie soll etwas oder jemand dich je aufhalten, wenn du nicht geboren wurdest, um aufgehalten zu werden?

Mein Dank

Du lieber Optimist.

Ich habe nun wirklich all mein Herzblut, meine persönlichen Erfahrungen und Gedanken in die Zeilen gepackt, die du über die letzten Stunden, Tage und Wochen gelesen hast. Ich möchte mich bei dir bedanken, dass du dir die Zeit genommen hast, dieses Buch zu lesen und dich von ganzem Herzen ehrlich hast mitreißen lassen.

Das ist nicht selbstverständlich und es zeigt mir, dass du bereit warst, nach und nach alle zehn Schlüssel zu deiner persönlichen Freiheit zu erlangen. Du bist so viel stärker als du es jetzt gerade selber erkennen kannst und mein größter Wunsch ist es, dass du diese persönliche Stärke freilegst. Ich wünsche mir für dich, für die Menschen in deinem Umfeld, für deine Familie, deine Freunde, deine Kinder und alle, die dir wichtig sind, dass du jeden Tag ein Stückchen mehr zu dir selbst wirst. Dass du zu dir selbst stehst und den Mut aufbringst, diese Zeilen nicht nach einmaligem Lesen in einer Schublade versauern zu lassen, sondern sie mit in dein Leben nimmst – das ist mein sehnlichster Wunsch. Denn so wird die Welt ein großes Stück besser und reicher.

Es gibt viele Menschen, bei denen ich mich gern bedanken möchte, weil sie mir Mut gemacht und Angst genommen haben, um all die Zeilen mit dir zu teilen. Es gab Leitbilder wie Thaddaeus Koroma, Steffen Kirchner und Julian Zietlow, die grandiose Gedanken in meinen Kopf gepflanzt haben, die ich so gern mit euch teile.
Zu diesen Leitbildern gehören definitiv auch meine Eltern, meine beiden Geschwister, meine weitere Familie, meine tollen Freunde und die Gemeinschaft der Lebensathleten. Jeden aufzuzählen würde dich, lieber Leser, in deinem Leben nicht weiterbringen und deshalb möchte ich mich hier kurz fassen. All jenen, die mir eine Inspiration, Stütze und Hilfe waren, von Herzen vielen Dank. Ich bin so froh, dass es euch gibt. Seid euch sicher: Ohne euch gäbe es dieses Buch nicht.

Mein besonderer Dank gilt meinem wunderbaren Ehemann, der schon an mich geglaubt hat bevor ich es selber konnte.

Dennis Depping,

du bist die Liebe meines Lebens.

Keiner unterstützt mich so wie du es tust. Danke für alles.

Haftungsausschluss

Der Inhalt dieses Buches wurde mit großer Sorgfalt geprüft und erstellt. Für die Vollständigkeit, Richtigkeit und Aktualität der Inhalte kann jedoch keine Garantie oder Gewähr übernommen werden. Der Inhalt dieses Buches repräsentiert die persönliche Erfahrung und Meinung des Autors und dient nur dem Unterhaltungszweck. Der Inhalt sollte nicht mit medizinischer Hilfe verwechselt werden. Es wird keine juristische Verantwortung oder Haftung für Schäden übernommen, die durch kontraproduktive Ausübung oder durch Fehler des Lesers entstehen. Es kann auch keine Garantie für Erfolg übernommen werden. Der Autor übernimmt daher keine Verantwortung für das Nicht-Erreichen der im Buch beschriebenen Ziele.

Impressum

Laura Depping
Wilhelm-Blanke-Straße 4
32108 Bad Salzuflen

Email: info@lauradepping.de
Website: http://www.lauradepping.de

Du findest mich auf den folgenden Social Media – Kanälen. Verbinde dich dort total gern mit mir und schreib mir eine Nachricht. Ich freue mich drauf!

Facebook:
https://www.facebook.com/speakerlauradepping/

Instagram:
https://www.instagram.com/laura_depping/

YouTube:
https://www.youtube.com/channel/UCMSyonaWaH_30HQXkVTK5ow

20139455R00062

Printed in Poland
by Amazon Fulfillment
Poland Sp. z o.o., Wrocław